服务集群品牌价值形成机理及提升策略研究

顾立汉　著

山东大学出版社

图书在版编目(CIP)数据

服务集群品牌价值形成机理及提升策略研究/顾立汉著.—济南:山东大学出版社,2015.8
ISBN 978-7-5607-5341-6

Ⅰ.①服… Ⅱ.①顾… Ⅲ.①品牌—企业管理—研究 Ⅳ.①F272.3

中国版本图书馆 CIP 数据核字(2015)第 197793 号

责任策划:陈　珊
责任编辑:陈佳意
封面设计:张　荔

出版发行:山东大学出版社
社　址　山东省济南市山大南路 20 号
邮　编　250100
电　话　市场部(0531)88364466
经　销:山东省新华书店
印　刷:泰安金彩印务有限公司
规　格:880 毫米×1230 毫米　1/32
6 印张　161 千字
版　次:2015 年 8 月第 1 版
印　次:2015 年 8 月第 1 次印刷
定　价:20.00 元

目 录

第1章 绪 论

1.1 研究背景

1.1.1 服务业蓬勃发展

20世纪60年代以来，全球经济出现了由工业型经济向服务型经济转变的趋势。① 在世界上大多数的国家和地区，服务业对国内生产总值的贡献日益增加。表1-1表明，日本经济中服务业增加值占GDP的比重由1970年的47.2%上升到2007年的69.3%；美国经济中服务业增加值占GDP的比重由1970年的64%上升到2007年的77.4%；法国服务业增加值占GDP的比重由1970年的62%上升到2008年的77.5%；英国服务业增加值占GDP的比重由1970年的52.4%上升到2008年的75.7%。同一时期，中国服务业也得到了长足的发展，1980年中国服务业增加值占GDP比重仅为21.4%，2000年达到了39%，2009年达到了43.4%。在世界范围内，服务业已逐步替代农业和工业，成为一国或地区国民经济中最重要的部门，2007年，世界服务业增加值占国内生产总值比重已达到69.4%（见表1-1）。在部分发达国家和

① 参见周振华：《服务经济的内涵、特征及其发展趋势》，《科学发展》2010年第7期。

地区，服务业在国内生产总值中的比重甚至已经超过了农业和工业的总和。

在就业方面，服务业的贡献同样不可忽视。2007年，美国等发达国家和地区服务业就业人数占就业总人数的比重都超过了78%，马来西亚这样的发展中国家服务业就业人数占就业总人数的比重也达到了56.7%。2010年，中国服务业就业人数占就业总人数的比重也超过了1/3，达34.6%（见表1-2）。

表1-1　部分发达国家和地区国内生产总值产业构成　（单位：%）

国家和地区	农业增加值占国内生产总值比重			工业增加值占国内生产总值比重			服务业增加值占国内生产总值比重		
	1970	2000	2009	1970	2000	2009	1970	2000	2009
世界	—	3.6	2.9**	—	29.1	27.5**	—	67.2	69.4**
中国香港	—	0.1	0.1**	—	13.4	7.7**	—	86.5	92.3**
日本	6.1	1.8	1.5**	46.7	32.4	29.3**	47.2	65.8	69.3**
美国	7.3	1.2	1.3**	28.7	24.2	21.4**	64.0	74.6	77.4**
法国	4.2	2.8	2.0*	33.7	22.9	20.5*	62.0	74.3	77.5*
英国	2.9	1.0	0.7*	44.8	27.3	23.6*	52.4	71.7	75.7*

注：*为2008年数据，**为2007年数据。

数据来源：中华人民共和国国家统计局：《国际统计年鉴1995》《国际统计年鉴2010》，http://data.stats.gov.cn/easyquery.htm? cn=G0104。

表1-2　按产业类型划分的就业构成　（单位：%）

国家和地区	第一产业			第二产业			第三产业		
	2000	2007	2010	2000	2007	2010	2000	2007	2010
中国	46.3	40.8	36.7	17.3	26.8	28.7	12.7	32.4	34.6

续表

国家和地区	第一产业			第二产业			第三产业		
	2000	2007	2010	2000	2007	2010	2000	2007	2010
中国香港	0.3	0.2	—	20.3	14.2	—	79.4	85.6	—
以色列	2.2	1.6	—	24.0	21.9	—	73.0	75.6	—
马来西亚	18.4	14.8	—	32.2	28.5	—	49.5	56.7	—
新加坡	—	1.1	—	33.8	22.6	—	65.5	76.2	—
加拿大	3.3	2.5	—	23.1	21.6	—	73.5	75.9	—
美国	2.6	1.4	—	23.2	20.6	—	74.3	78.0	—

数据来源：中国 2007 年、2010 年数据来自《中国统计年鉴 2011》，http://www.stats.gov.cn/tjsj/ndsj/；其他数据来自世界银行 WDI 数据库，http://data.worldbank.org/。

1.1.2　服务业呈现出集群化的态势

1.1.2.1　服务业集群化是服务业发展的必然趋势

从马歇尔的外部经济和规模经济理论①，到韦伯的产业区位理论②，再到克鲁格曼的新经济地理学③，集群的经济效应已经得到了经济学界的一致认可。一般认为，企业在空间上的集聚能够促进专业化投入和配套服务的发展，能够促成专业化劳动力市场的形成，企业还可以从信息和知识溢出中获益。除此之外，产业集群也有助于减少环境的不确定性、克服交易中的机会主义和提高信息的对称性，从而降低交易费用。

虽然现有的集群经济效应理论大多是从制造业集群的研究中

---

① 参见[英]马歇尔：《经济学原理》，陈良壁等译，商务印书馆 1983 年版。

② 参见[德]韦伯：《工业区位论》，李刚剑等译，商务印书馆 1997 年版。

③ Krugman P.，"Increasing returns and economic geography，" *NBER Working Papers* 3275，National Bureau of Economic Research，1990.

得出的，但是其基本原理也适用于服务业集群。服务企业通过在区域的集聚，可以以较少的成本获得更多的优质专用资源，提高服务产品的质量和差异化优势；可以共享集群内的专业信息和知识，提高企业创新能力，更好地应对市场需求。此外，有学者研究发现，服务业集群企业最重要的优势就是区域品牌的共享。[①] 作为众多企业品牌的提炼和浓缩，服务集群品牌比单个企业品牌更形象，具有更加持久的影响力和生命力。因此，在集群品牌的“荫蔽”下，服务企业能够获得更多的消费者认可和市场机会。

1.1.2.2　服务业集群化是“服务”的基本特征决定的

众所周知，与有形商品相比，服务存在一些十分显著的特征，即服务一般是无形的，服务生产与消费同时发生，服务不易储存，服务具有异质性。因为服务是无形的，企业无法向未曾消费服务的消费者提供服务样品，消费者没有信心去尝试，但是处在服务集群中的企业会因为集群商誉获得消费者的初次信任，得到消费者尝试的机会，从而进一步征服消费者；因为服务生产与消费同时发生和服务的不易储存特征，多数服务企业必须靠近消费者，因此同一类型的服务企业在区位选择的过程当中有强烈的趋同趋势，形成自然的“扎堆”现象，服务集群自然而然地形成了；因为服务具有异质性，同一种服务的效果和品质可能存在显著的差异，因此服务提供者的技术水平、服务态度对服务产品的质量至关重要，服务企业非常需要专业化的劳动力市场提供专业化的人才，服务集群内部的“人才蓄水池”恰好可以满足服务企业的人才需求。

1.1.2.3　国内外服务集群发展的成功经验为服务业发展指明了方向

金梅等人(2012)的研究表明，服务业发展规律中很重要的一

① 参见李素喜、褚英敏：《服务业集群竞争优势研究》，《河北大学学报》(哲学社会科学版)2009年第5期。

条规律就是“空间集中与集聚规律”。[①] 20世纪70年代中期以来，发达国家的服务业逐渐呈现出集群发展的特征，形成了一批较为典型的服务集群。纽约曼哈顿（以金融商务服务业为主导产业）、伦敦金融城（以金融业为主导产业）、日本新宿（以生产服务业集群为主导产业）、美国东部从波士顿至华盛顿（以旅游业作为主导产业）等被认为是世界上较为成功的服务业集群。[②] 纽约曼哈顿以金融商务服务业为主导产业的服务集群发展模式可以说是现代服务业集群发展的典范。[③] 良好的金融业基础设施，高素质的人才，大大提升了曼哈顿的金融服务能力，吸引了全世界的眼光。来自全世界的需求为曼哈顿创造了巨大的机会和利润，进而导致更多的优质资源和精英人才纷至沓来，这进一步提高了曼哈顿金融业的集聚水平。如此，形成了良性循环，使曼哈顿服务业集群成为世界服务业发展的楷模。

改革开放以来，特别是20世纪90年代以来，我国服务业在党和国家的鼓励和指导下，取得了长足的发展。目前，我国已形成了一些具有较大影响力的服务业集群，如北京CBD、上海陆家嘴金融贸易区、深圳CBD、广州珠江新城等。

1.1.3 服务集群品牌问题日益凸显

1.1.3.1 品牌培育是服务业集群发展的必然选择

“微笑曲线”告诉我们，靠技术和专利或者靠品牌和服务均能

---

① 参见金梅、张冀民、杨琪：《基于集群视角的甘肃现代服务业发展研究》，科学出版社2012年版，第29页。

② 参见李素喜、褚英敏：《服务业集群竞争优势研究》，《河北大学学报》（哲学社会科学版）2009年第5期。

③ 参见杨亚琴、王丹：《国际大都市现代服务业集群发展的比较研究——以纽约、伦敦、东京为例的分析》，《世界经济研究》2005年第1期。

取得高收益,而组装和制造都是处于最低端的环节[①],这个规律在服务业中同样适用。在服务业的国际分工中,我国仍然处在产业链的最低端,承担的是外包和消费的角色。例如在软件服务业,跨国公司在中国设立子公司,我们承担部分服务外包[②];在动漫行业,中国已经成为美国、日本、韩国、法国等动漫强国动漫产业最主要的接包国,我们承担着动漫产业的低附加值环节——动漫制作。[③] 长此以往,我国服务业集群的遭遇将和制造业集群一样尴尬,"一亿件衬衫换一架飞机"的悲剧可能在服务业集群中再次重演。现代经济进入了以品牌创建和品牌营销为核心的发展阶段[④],服务业集群更是如此。因此,尽快认识到服务集群品牌缺乏、竞争力较弱的局面,着力抢占世界服务业分工的高端,打造服务集群品牌是必经之路。

从理论上讲,由于服务的无形性,品牌是消费者感知无形服务的有形形式之一,品牌已成为服务质量的象征,更是顾客选择服务的重要标准,因而品牌对于服务业更具有特殊的意义。[⑤] 以美国好莱坞为例,美国人较早地认识到了服务集群品牌的重要性,采取了一切可以利用的手段打造娱乐业集群品牌,然后进行品牌营销,有了品牌,票房不是问题,其他冠名品牌的娱乐产品与非娱乐产品也会被市场接受。[⑥] 今天世界上很多人看电影只看"好莱坞",一

---

① 参见赵晓:《转型,从劳动力成本谈起》,《中外管理》2012 年第 4 期。

② 参见罗来军等:《工资水平、劳动力成本与我国产业升级》,《当代经济研究》2012 年第 5 期。

③ 参见耿蕊:《中国动漫产业集群发展研究》,武汉大学博士学位论文,2010 年。

④ 参见余得生、徐玉萍:《环鄱阳湖生态经济区区域品牌营销与发展研究》,《求实》2009 年第 8 期。

⑤ 参见程鸣、吴作民:《西方服务品牌研究评介》,《外国经济与管理》2006 年第 5 期。

⑥ 参见谢伦灿:《中国娱乐产业集群发展及竞争力评价研究》,中南大学博士学位论文,2008 年。

个“好莱坞”不仅可以横扫世界电影市场，赚得盆满钵满，还可以对全世界进行文化渗透，无形中增加了美国的软实力，这就是服务集群品牌的力量。

1.1.3.2 品牌培育是服务业集群解决劳动力成本危机的最佳选择

改革开放三十余年来，我国就业人员平均工资增长幅度较大。城镇就业人员年平均工资在1978～1991年间从615元上升到2340元，1992～2000年间从2711元上升到9371元，2001～2011年间从10870上升到42452元。年平均工资变化趋势与飞机起飞的轨迹具有很强的相似性①。2001年以前，我国城镇就业人员年平均工资的变化趋势比较平缓；自2001年起，年平均工资大幅上涨，曲线快速上升(见图1-1)。

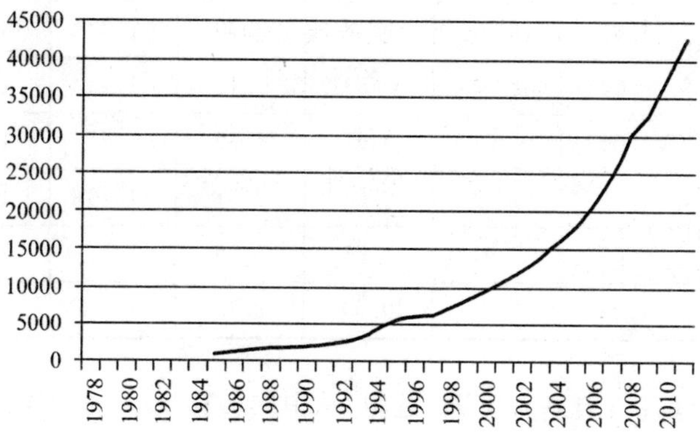

图1-1 我国城镇就业人员年平均工资变化趋势

数据来源：2010年、2011年数据来源于国家人力资源和社会保障部年度统计公

① 参见胡绪华：《劳动力成本提升背景下我国制造业国际竞争力的可持续成长》，《现代经济探讨》2012年第5期。

报(人力资源和社会保障事业发展,http://www.mohrss.gov.cn/SYrlzyhshbzb/zwgk/szrs/;其他年份数据来源于统计年鉴,http://data.stats.gov.cn/easyquery.htm?cn=C01。

虽然与发达国家和地区相比,我国劳动力成本较低,还是具有绝对优势,但是与其他发展中国家相比,我国的劳动力成本优势已不复存在(见表1-3)。

表 1-3　我国与竞争国家制造业就业人员小时报酬比较①

年份	泰国	菲律宾	越南	马来西亚	墨西哥	中国
2000	1.26	1.18	0.33	2.13	1.17	0.61
2001	1.20	1.11	0.35	2.16	1.37	0.68
2002	1.22	1.14	0.37	2.29	1.39	0.74
2003	1.30	1.17	0.41	2.35	1.27	0.84
2004	1.34	1.20	0.48	2.46	1.22	0.93
2005	1.43	1.30	0.53	2.42	1.43	1.15
2006	1.56	1.52	0.61	2.59	1.47	1.43
2007	1.76	1.78	0.68	2.91	1.46	1.87
2008	2.05	1.91	0.81	3.39	1.43	2.04
2009	1.96	—	0.89	3.23	—	—

2011年5月,COACH(蔻驰)从中国转移50%的产能到劳动力成本更低的国家,2012年10月,阿迪达斯将正式关闭其在中国的唯一一家直属工厂……诸如此类的新闻不绝于耳。这些事实都表明,我国劳动力成本上涨带来的经济影响已波及实践层面。

① 参见胡绪华:《劳动力成本提升背景下我国制造业国际竞争力的可持续成长》,《现代经济探讨》2012年第5期。

服务业对经济发展的重要贡献之一就是有很强的就业吸纳能力①，从前文表 1-2 中也能得到类似的结论。换言之，相比其他行业而言，服务业具有更加明显的劳动密集特征，因而服务产品价格中劳动力成本所占的比重较大。面对劳动力成本快速上升的局面，服务业集群何去何从？品牌培育，提升服务集群品牌价值无疑是一个较好的出路。

1.2　研究意义

1.2.1　理论意义

进入 21 世纪，品牌价值问题越来越受到理论界和实践界的关注。以 CNKI 数据库为例，截至 2012 年 8 月 22 日，以“品牌价值”作为题名检索词，有 1191 篇文献，最早的一篇文献出现在 1995 年，但是有 1022 篇文献出现在 2003 年以后，占总量的 85.81%，具体文献数量统计见表 1-4。2009 年除外，自 2003 年以来，各完整年份中“品牌价值”相关文献数量增长趋势明显。

表 1-4　　2003 年以来“品牌价值”相关文献数量统计

年份	2003	2004	2005	2006	2007	2008	2009	2010	2011	2012
文献数量(篇)	42	43	74	92	126	140	123	152	156	74

在现有的品牌价值文献中，从企业角度探讨的居多，从集群视角，尤其是服务集群视角的研究十分缺乏。服务集群品牌价值的内涵界定不清，服务集群品牌价值的影响因素没有系统地研究，服

① 参见曾世宏、郑江淮：《二元就业结构、劳动力流动与中国服务业发展》，《湖南科技大学学报》(社会科学版)2012 年第 4 期。

务集群品牌价值的影响因素间的相互关系模糊，缺乏有说服力的实证研究，实践层面的操作性较差，这些问题已严重影响了服务集群品牌价值相关理论的发展和成熟。本研究在回顾前人文献的基础上，运用文献分析、扎根理论和实证研究等方法，系统地探究了影响服务集群品牌价值的因素，将影响因素间的关系模型化并收集数据进行了实证检验。从理论上看，本研究的预期成果将会丰富服务业集群相关研究，也是对品牌价值相关理论的有益补充。

1.2.2 现实意义

改革开放以来，我国服务业取得了长足进步。交通运输、银行、零售等传统服务行业稳步发展，电信、金融保险、咨询等新兴服务业迅速成长。1978 年，我国服务业占 GDP 的比重只有 23.9%，2007 年达到 40.1%[①]，2009 年达到了 43.4%。根据国际经验，当一个国家人均 GDP 超过 2000 美元时，服务业将会进入快速发展阶段。[②] 2006 年，我国人均 GDP 达到 2010 美元，首次超过 2000 美元，预示着未来十几年将是我国服务业快速发展阶段。[③] 有学者预计，“十二五”期间，服务业占 GDP 的比重将提高 4～5 个百分点，2015 年达到 47%左右。[④] 伴随着我国服务业的蓬勃发展，我国服务业的空间集聚程度也显著提高。李文秀(2011)利用空间基尼系数对我国第三产业及各行业的空间集聚程度进行了测算，验证结果表明，从整体上看我国第三产业的集聚程度不高，但交通运

---

① 参见杨玉英:《面向 2020 年的中国服务业发展战略》,《宏观经济研究》2008 年第 1 期。

② 参见景跃军、杜鹏:《中国现代服务业现状及发展潜力分析》,《吉林大学社会科学学报》2012 年第 2 期。

③ 参见钟云燕:《现代服务业的界定方法》,《统计与决策》2009 年第 6 期。

④ 参见郭怀英:《我国服务业形势分析与“十二五”展望》,《宏观经济管理》2010 年第 10 期。

输仓储和邮政业、批发零售业、金融业、租赁和商务服务业等少数行业的集聚程度明显高于第三产业的整体集聚水平。[①]

高速发展的中国服务业和中国服务业集群面临着重重挑战。首先是激烈的国际竞争局面。发达国家和地区的服务业历史悠久,竞争优势明显,品牌培育方式成熟,在经济全球化今天,稚嫩的中国服务业必须直面强大的国际竞争对手。如何突破困局,避免中国制造业沦为代工厂的局面,是摆在实践界面前的一个亟待解决的难题。其次是服务业产业环境的困局。融资难的问题始终没有解决,劳动力的结构矛盾日趋尖锐,2008 年 1 月 1 日起施行《新劳动合同法》又增加了服务业的雇佣成本,诸如此类的问题使服务业集群的发展举步维艰。面对不容乐观的局面,大力培育服务集群品牌,提升服务集群品牌价值不失为一个合理、明智的选择。

在此背景下,本研究预期结论将会为服务集群品牌培育指出方向,为服务集群品牌价值提升提供借鉴,将会有利于中国服务业集群品牌化进程,提升中国服务业集群的竞争力。

1.3 相关概念界定

1.3.1 服务集群

在《牛津高阶英汉双解词典》中,“cluster”一词意为人、动物或其他事物的群、组(grouped closely together)。迈克尔·波特(M. E. Porter,1998)在《集群与新竞争经济学》一书中指出,产业集群是一组在地理上靠近的相互联系的公司关联机构,它们同处或相关于一个特定的产业领域,由于具有共性和互补性而联系在

① 参见李文秀:《中国服务业集群的培育与发展研究》,《中国社会科学院研究生院学报》2011 年第 2 期。

一起。[①] 广义的产业集群包括基于低成本而创新不足的企业群居现象。[②]

服务业集群就是服务部门在某一行业中的企业及其关联机构在地理空间上的聚集体，在服务领域内相互关联互补，竞争企业与机构在一定地域内聚集，形成上、中、下游结构完整、充满创新活力的有机体系。[③] 服务业集群的构成除了企业、相关企业或机构、供应商之外，还应该包括集群所在地的基础设施、人文环境和政策环境。[④]

1.3.2 集群品牌

“产业集群整体品牌”是区域产业集群发展到成熟阶段的必然产物，也是中国学者在产业集群研究领域倡导的一个原创性概念。[⑤] 目前国外文献中还未见到与“服务集群品牌”对应的，如“service industry clusters brand”的概念和名词。

集群品牌是指特定区域产业集群发展所累积的产业或主导产品知名度和美誉度等声誉，以地理名称（产业集群区位名称）和产业名称（或产品通用名）组合标识的集体品牌，是集群成员共同经营的产物，是众多企业品牌精华的浓缩和提炼，是产业集群整体发

---

① Porter M. E.,“Clusters and the New Eeonomies of Competition,” *Harvard Business Review*, No. 12(1998), pp. 77-90.

② 参见王缉慈：《解开集群概念的困惑——谈谈我国区域的集群发展问题》，《经济经纬》2006 年第 2 期。

③ 参见李素喜、褚英敏：《服务业集群竞争优势研究》，《河北大学学报》（哲学社会科学版）2009 年第 5 期。

④ 参见李素喜、褚英敏：《服务业集群竞争优势研究》，《河北大学学报》（哲学社会科学版）2009 年第 5 期；连建辉、孙焕民、钟惠波：《金融企业集群：经济性质、效率边界与竞争优势》，《金融研究》2005 年第 6 期。

⑤ 参见全清、杨晓芹：《区域产业集群品牌理论研究梳理及评论——基于广东学者研究文献的考察》，《经济前沿》2008 年第 12 期。

展水平(产业规模、产品技术与质量水平、产品知名度、产品美誉度、产品市场占有率)的综合体现。[①]

1.3.3 品牌价值

一般认为品牌价值是一个与消费者有关的概念，Barnes 和 Mattsson(2008)研究了虚拟世界中的品牌价值[②]，并借用 Hartman(1967)的价值概念框架[③]，将品牌价值分为三个方面，即情感价值、功能价值和逻辑价值。刘元兵(2010)认为品牌的两大价值是与消费的物质属性相关的信号价值和与商品消费相关的表征价值。[④]

研究角度不同，品牌价值的计算方法有所不同，Chandon (2003)认为品牌价值有两种计算方法：一种是成本法，即品牌价值是重建某个品牌所需要的费用(包括研发费用、市场测试费用和广告费用等)；另一种是市场法，即品牌价值是品牌未来收益现金流的现值。[⑤]

经典的营销学文献认为“价值”是利润与成本之间的权衡协调

---

① 参见吴传清：《区域产业集群品牌理论研究进展——以广东学者的研究文献为考察对象》,《学习与实践》2009 第 2 期。

② Barnes S., Mattsson J., "Brand value in virtual worlds: an axiological approach," *Journal of Electronic Commerce Research* (Online Edition), Vol. 9, No. 3 (2008), pp. 195-206。

③ Hartman R. S., *The Structure of Value: Foundations of a Scientific Axiology*, Carbondale Illinois: Southern Illinois Press, 1967.

④ 参见刘元兵：《品牌价值二维框架解构与形成探析》,《财会通讯》2010 第12 期。

⑤ Chandon P., *Note on measuring brand awareness, brand image, brand equity and brand value*, Insead, 2003.

(trade-off)[①],从这个基本观点出发,本研究采用 Raggio 和 Leone (2007)对品牌价值的定义,认为品牌价值就是购买品牌或重置品牌的价格。[②] 就服务业集群而言,其品牌价值主要表现在品牌知名度、品牌美誉度、品牌竞争力、品牌成长性和品牌创新能力等五个方面。

1.4 研究技术路线和方法

1.4.1 技术路线

本研究的技术路线如图 1-2 所示。

① Anderson J. C., Narus J. A., *Business Market Management: Understanding, Creating and Delivering Value*, Englewood Cliffs NJ: Prentice-Hall, 1999. Zeithaml V. A., "Consumer Perceptions of Price Quality and Value: A Means-End Model and Synthesis of Evidence," *Journal of Marketing*, Vol. 52, No. 3(1988), pp. 2-22.

② Raggio R. D., Leone R. P., "The theoretical separation of brand equity and brand value: Managerial implications for strategic planning," *Journal of Brand Management*, Vol. 14, No. 5(2007), pp. 380-395.

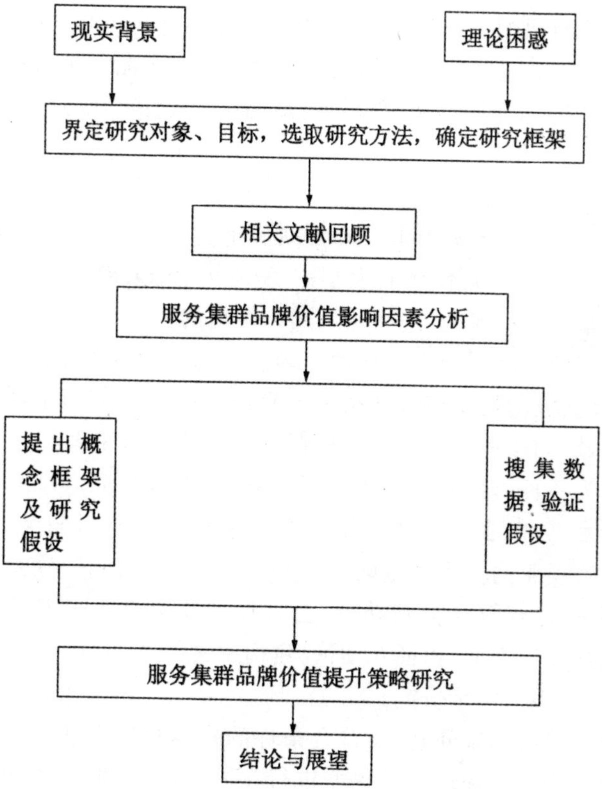

图1-2 技术路线

1.4.2 研究方法

1.4.2.1 文献研究

“服务集群品牌价值”在现有的文献中涉及较少，为了全面把握与之相关的理论，界定本书研究的范畴，提出影响服务集群品牌价值的影响因素，构建服务集群品牌价值提升机理的理论模型，本研究系统地回顾了服务集群、集群品牌和品牌价值相关的文献，并对已有的研究进行了认真的比较和归纳。由于品牌价值的文献较多，本研究主要围绕“品牌价值形成”这个中心问题进行了梳理和分析。

1.4.2.2　扎根理论

扎根理论(grounded theory)是1967年由美国芝加哥大学的Barney Glaser和哥伦比亚大学的Anselm Strauss两位学者共同发展出来的一种研究方法，是运用系统化的程序，针对某一现象来发展并归纳式地引导出扎根的理论的一种定性研究方法。作为一种重要的质性研究方法，扎根理论目前已被广泛应用于许多科学研究领域，如经济学、社会学、教育学、心理学、管理学等。

作为一种质性研究方法，扎根理论一般以研究者感兴趣的领域为出发点，以研究对象主要的关注点为核心，通过归纳与演绎，获得反映现象的概念性范畴，并通过这些概念之间的联系建构相关的理论，以理解社会互动、社会过程和社会变化①，其理论来源主要包括实证主义、象征互动论、建构主义等。

1.4.2.3　定量研究

设计初始调查问卷，在符合条件的样本总体中抽取少量样本进行预调研。选择代表性集群进行深入访谈，根据访谈和预调研结果确定正式问卷。在问卷搜集和数据整理的基础上，通过各种分析工具，检验先期提出的各种假设。

本研究在定量研究中，使用了SPSS17.0等统计软件，研究方法包括因子分析、回归分析等。

---

① 参见安晓敏:《扎根法及其对教育研究的启示》,《上海教育科研》2006年第11期。Liamputtong P., Ezzy D., *Qualitative research methods*, Wiley Online Library, 2006.

1.5 研究内容和结构安排

1.5.1 研究内容

本研究致力于寻找影响服务集群品牌价值的因素，剖析服务集群品牌价值形成的机理，给出提升我国服务集群品牌价值的策略。具体研究内容如下：

1.5.1.1 服务集群品牌价值相关文献梳理

与服务集群品牌价值直接匹配的文献数量较少，为了达到研究的目的，本研究回顾了研究主题相关的文献。文献主要分为四个方面，第一方面的文献是服务业相关研究。服务业相关研究文献非常丰富，本书着重回顾了与研究主题相关的三个问题，即服务业与第三产业、服务业分类、当前服务业理论研究中的热点概念。回顾这部分文献的目的是明确服务业的概念和服务业所包含的行业领域，为理论研究模型设计、实证研究的问卷设计及样本选择服务。第二方面的文献是服务集群相关研究。回顾了国内外对于服务集群的相关研究，目的是全面把握服务集群的内涵，找到与服务集群发展有关的行为主体。第三方面的文献是集群品牌相关研究。目的是从影响集群品牌发展的因素中获得研究启发，为构建服务集群品牌价值影响因素模型做准备。第四方面的文献是品牌价值相关研究。这部分文献与本研究的中心词“品牌价值”关系密切，对后文研究假设的逻辑推导和价值提升策略的提出意义重大。

1.5.1.2 服务集群品牌价值影响因素研究

在回顾了国内外相关文献进展的基础上，运用扎根理论研究方法，通过开放式编码、主轴编码和选择性编码等过程，成功归纳出影响服务集群品牌价值的四个主因素，即服务集群环境因素、个体品牌投入要素、关系投入因素和成员间交互，并以“故事线”形式描绘了各因素与服务集群品牌价值间的逻辑关系。这一逻辑关系可以概括为:服务集群环境因素、个体品牌投入因素、关系投入因素和成员间交互行为四个主范畴对服务集群品牌价值存在显著影响;另外,在服务集群环境因素、个体品牌投入因素、关系投入因素三个主范畴对服务集群品牌价值产生影响的过程中,成员间交互行为可能会发生中介作用。以此逻辑框架为依据构建了本研究的理论模型。

1.5.1.3 变量间关系的实证研究

设计调研问卷,选择调研区域和样本,收集数据,运用SPSS17.0等统计软件对理论模型进行了实证检验,包括描述性统计分析、探索性因子分析、回归分析。

1.5.1.4 服务集群品牌价值提升策略研究

依据理论模型实证检验的结果,结合前人文献,从集群环境、企业等角度提出了提升集群品牌价值的策略。

1.5.2 结构安排

按照上述研究内容,本研究共分为七个章节,具体安排如下:

第1章:绪论

主要介绍了本研究的研究背景与研究意义,对书中出现的主要概念进行了简单的解析和界定,简要叙述了本书的主要研究内容和结构安排,指出了研究方法、技术路线及主要创新点。

第2章:文献回顾

这部分主要是对服务业、服务集群、集群品牌和品牌价值的相关文献进行梳理,一方面是为了分析现有文献中存在的局限和研究盲点,找出本研究的理论切入点;另一面是为了明确研究相关的概念、关系,从中借鉴与本研究相关的有益成分。

第3章:服务集群品牌价值影响因素分析

回顾了与服务集群品牌价值相关的国内外文献,简要介绍了扎根理论研究方法和本研究选定的研究对象。按照扎根理论研究的步骤和环节梳理个人深度访谈和焦点小组访谈资料,从中提炼出了四个影响服务集群品牌价值的主范畴,并依据逻辑关系构建了概念模型。

第 4 章:模型构建和假设提出

根据前文提出的理论模型,以已有的文献为基础,结合本研究的访谈资料和专家意见,提出理论研究假设。

第 5 章:服务集群品牌价值形成机理实证研究

根据研究主题的需要和研究目的,选择问卷法作为本研究数据收集的基本方法。通过文献梳理、小规模访谈和测试修正预调研问卷,确定正式调研问卷。选择样本发放问卷,收集数据。利用已收集的数据,运用 SPSS17.0 等统计软件对前文提出的各个假设进行验证,并对结果进行分析说明。

第 6 章:服务集群品牌价值提升策略

依据上一章实证检验结果,结合已有的文献资料,从政府、中介机构、金融环境、顾客、企业等角度给出了提升服务集群品牌价值的策略。

第 7 章:研究结论、局限与展望

总结了本研究的基本结论,指出本研究存在的不足,对未来的进一步研究进行了展望。

1.6 研究创新点

第一,运用扎根理论,提出了影响服务集群品牌价值的关键因素。

现有的集群品牌价值相关研究多为笼统的定性描述和分析,既没有理论说服力,也没有现实针对性。本研究将视野聚焦于服务集群品牌价值,创造性地将扎根理论引入服务集群品牌价值影响因素分析，得到了四个具有代表性的主因素，即服务集群环境因素、个体品牌投入要素、关系投入因素、成员间交互。在此基础上，构建了较为简洁的“服务集群品牌价值影响因素”模型。这一理论进展对于服务集群理论和品牌价值理论是有益的补充，为服务集群品牌的创建和价值提升实践提供了有益的借鉴。

第二，验证了各投入要素与集群品牌价值形成的关系。

利用问卷调查法收集数据，验证了理论模型和假设，将服务集群品牌价值影响因素与服务集群品牌价值之间的关系进行了验证和量化。扎根理论和实证研究方法的引入大大增强了理论的严密性和说服力。

第三，将成员间交互引入服务集群品牌价值的形成过程。

Homans(1961)认为人类行为可以划分为三种类型：行动(activities)、交互作用(interactions)和情感(sentiments)，其中交互作用代表两个和多个个体保持接触和连续性的行为。[①] 本研究将人际之间的交互作用引入服务集群品牌价值的形成过程，用以衡量集群成员间的相互作用。这种成员间交互作用不仅直接影响服务集群品牌价值形成，还是其他因素与服务集群品牌价值之间关系的中介变量。

---

① Homans G. C. , *Social Behaviour: Its Elementary Forms*, London: Routledge & Kegan Paul Ltd, 1961.

第 2 章　文献综述

2.1　服务业文献综述

2.1.1　服务业与第三产业

"服务业"的概念最早源于"第三产业"。① 1935 年，新西兰奥塔哥大学的英国教授费希尔(Fisher)在其《安全与进步的冲突》一书中首次提出了"第三产业"这一概念，在经济大萧条的背景下，此概念的提出是意图寻找"新的经济增长点"。②

1957 年，Colin Clark 丰富了费希尔第三产业概念的内涵，他把国民经济结构明确地分为三大部门，即：第一大部门以农业为主，包括畜牧业等；第二大部门包括制造业、采矿业等；第三大部门是服务业，包括建筑业、运输业、通信业、商业、金融业、专业性服务和个人生活服务、政府行政、律师事务和服务军队等。克拉克主张直接用"服务性产业"替代费希尔的第三产业的概念。③ 目前，"第

---

① 代文：《现代服务业集群的形成和发展研究》，武汉理工大学博士学位论文，2007 年。

② Fisher A. G. B., *The Clash of Progress and Security*, Macmillan, 1935.

③ Colin C., *The Conditions of Economic Progress*, Macmillan, 1957.

三产业"这个概念在西方经济学文献中已不多见，现主要在日本和我国的统计概念中使用。①

我国国家统计局1985年提出的三次产业分类中，定义第三产业包含除第一、二产业以外的其他行业，将各种类型服务业都划入了第三产业，因此在相当长的一段时间内，我国国民经济核算中的第三产业一直是服务业的代名词，简而言之，服务业是指第一产业和第二产业之外的全部产业部门。但2003年的《国民经济行业分类》(GB/T4754-2002)作出了调整，明确规定"农、林、牧、渔服务业"为第一产业，《国民经济行业分类》(GB/T 4754-2011)也作了同样的调整。至此，服务业与第三产业不再等同。

由于目前我国服务业统计框架下的数据还没有出来，国内现有学术研究中比较普遍采用的服务业界定标准还是GB/T4754-2002中第三产业的14个类别，即交通运输、仓储和邮政业，批发和零售业，信息传输、计算机服务业和软件业，住宿和餐饮业，金融业，房地产业，租赁和商务服务业，科学研究、技术服务和地质勘查业，水利、环境和公共设施管理业，居民服务和其他服务业，教育，卫生、社会保障和社会福利业，文化、体育和娱乐业，公共管理和社会组织。

2.1.2 服务业分类

2.1.2.1 按照服务业在不同经济发展阶段的特点分类

Katouzian(1970)依据罗斯托经济发展阶段理论将服务业分为三类：新兴服务业、补充性服务业和传统服务业。② 新兴服务业

---

① 参见代文：《现代服务业集群的形成和发展研究》，武汉理工大学博士学位论文，2007年。

② Katouzian M.,"The development of the service sector: a new approach," *Oxford Economic Papers*, Vol. 22, No. 3(1970), pp. 362-382.

一般出现在工业化的后期，是指工业产品的大规模消费阶段以后出现加速增长的服务业，如教育、医疗、娱乐、文化和公共服务等。补充性服务业是相对于制造业而言的，是中间投入服务业，它们的发展动力来自于工业生产的中间需求，主要为工业生产和工业文明“服务”，这类服务业主要包括金融、交通、通信和商业，此外还有法律服务、行政性服务等。传统服务业有两层含义，其一是传统的需求，其二是传统的生产模式。这类服务通常是由最终需求带动的，主要包括传统的家庭与个人服务、商业等消费性服务。

2.1.2.2 按照服务业的经济功能分类

丹尼尔斯(1985)认为，服务业可分为生产性服务业和消费性服务业，沿着排他法的思路，他认为凡消费性服务业以外的服务领域都可归为生产性服务业，如货物储存与分配、办公清洁和安全服务等都属于生产性服务业。①

Grubel 和 Walker(1989)以服务的经济功能为基础将服务业分为生产服务业、消费服务业、政府服务业三大部门。这种划分方法并不能区分开具有集体消费性质的服务(如教育、医疗)和具有私人消费性质的服务(如餐饮)。②

2.1.2.3 按照服务的使用对象和服务的提供方式分类

Browning 和 Singlemann(1975)③、Singlemann(1978)④、Eff-

---

① Daniels P. W., *Service Industries: A Geographical Appraisal*, Routledge, 1985.

② Grubel H. G., Walker M., *Service Industry Growth: Causes and Effects*, Fraser Institute Vancouver, 1989.

③ Browning H. L., Singelmann J., *The Emergence of a Service Society: Demographic and Sociological Aspects of the Sectoral Transformation of the Labor Force in the USA*, ERIC: Texas Univ, Austin: Population Research Centor, 1975.

④ Singelmann J., *From Agriculture to Services: The Transformation of Industrial Employment*, Sage Publications, 1978.

ing(1989)[①]以服务的经济功能、服务的主要使用对象(企业或私人)、服务的主要提供方式(市场化或非市场化)为衡量基准,将服务业分成分配(流通)服务业、生产服务业、社会服务业以及私人(消费)服务业四大部门。

2.1.2.4 按照生产技术分类

北美产业分类体系(NAICS)是由美国、加拿大、墨西哥于1967年制定的一种新的产业分类法,这种分类方法主要从服务的生产或供给角度,依据生产技术进行分类,反映了20世纪80年代以来服务经济理论发展的最新研究成果,其结构变化主要表现在:第一,计算机和电子产品制造部门作为信息产业的硬件部门被列入制造业,原来的出版业则列入了新设置的信息业;服务业中的柔性生产被列入制造业。第二,独立建立了"信息业"。第三,原来的服务业细分为11个一级部门。

2.1.2.5 联合国标准产业分类法

联合国标准产业分类法(ICIS)1990年第三次修正服务业大类有11类,小类19类;2006年第四次修正后,涉及服务业的分类增加了信息和通信业、行政管理及相关支持服务、科学研究和技术服务、艺术和娱乐、其他服务业等5个门类。

2.1.3 当前服务业理论研究中的热点概念

2.1.3.1 现代服务业

"现代服务业"的概念是我国的提法,在国外没有"现代服务业"这一提法[②],在国外与此概念所包含的外延相近的是"知识型

① Elfring T., "New evidence on the expansion of service employment in advanced economies," *Review of Income and Wealth*, Vol. 35, No. 4(1989), pp. 409-440.

② 参见王良杰、石丽丽:《现代服务业概念界定》,《合作经济与科技》2010年第2期。

服务业”[①]。1997 年 9 月，党的十五大报告中首次出现“现代服务业”的提法；2000 年 10 月，党的十五届五中全会正式提出了“发展现代服务业，改组和改造传统服务业”的发展目标，在以后的历届会议中都沿用这一提法。

目前有关于现代服务业的专著、论文和课题虽然日益增多，但是在我国现行的统计制度和对服务业的分类中，并没有“现代服务业”以及与之相对应的具体分类。目前，国内最为广泛接受的现代服务业定义是在十五大报告的基础上提出的，认为，现代服务业是在工业化比较发达的阶段产生的，主要依托信息技术和现代管理理念发展起来的，信息和知识相对密集的服务部门。[②] 从不同视角，中国学者对现代服务业的内涵进行了界定。刘有章和肖腊珍(2004)认为现代服务业是与传统服务业相区别的内涵极广的概念，主要是指依托现代信息技术和现代管理理念而发展起来的，为社会提供高质量生活服务和生产服务的国民经济新兴领域。[③] 朱明春(2004)认为，真正意义上的现代服务业是指与现代技术密集、产业分工深化和经济社会发展相伴的信息服务、研发服务、人力资源服务、现代物流、市场营销服务等，但主要是为生产者服务的商业服务业。[④] 庞毅和宋冬英(2005)认为，现代服务业是指依托电子信息和其他新兴高技术，以及现代经营方式和组织形式而发展起来的服务业，既包括新兴服务业，也包括对传统服务业的技术改

---

① 参见代文：《现代服务业集群的形成和发展研究》，武汉理工大学博士学位论文，2007 年。

② 参见于慧芳：《CBD 现代服务业集聚研究》，首都经济贸易大学博士学位论文，2010 年。

③ 参见刘有章、肖腊珍：《湖北现代服务业的发展现状及对策研究》，《中南财经政法大学学报》2004 年第 3 期。

④ 参见朱明春：《关于我国服务业发展中几个战略问题的思考》，《中国经贸导刊》2004 年第 13 期。

造和升级，其本质是实现服务业的现代化。① 现代服务业是在工业化比较发达的阶段产生的，是指工业产品的大规模消费阶段以后出现快速增长的服务业。

目前，学术界一般认为现代服务业是指以生产性服务为主的服务业形态（producer service），即为生产、商务活动和政府管理而非直接为最终消费提供的服务。②

2.1.3.2 生产者（生产性）服务业

学者常从要素密集程度、投入产出关系两个方面界定生产者服务业。③ Machlup（1962）认为生产者服务业应当是知识产出产业，供给各种专业知识。④ Browning & Singelman（1975）提出，生产者服务业包括金融、保险、法律工商服务、经纪等知识密集型行业，为顾客提供专业化服务。⑤ Juleff（1996）明确指出生产者服务业是依靠制造部门，提供其所需要。⑥ Hill（1999）认为生产者服务业是将服务投入厂商或产业总成本的形式，且使用中间投入到最

---

① 参见庞毅、宋冬英：《北京现代服务业发展研究》，《经济与管理研究》2005 年第 10 期。

② 参见赵冰：《传统服务业与现代服务业顾客信任与选择行为的差异——以餐饮、金融产业为例》，《江苏商论》2010 年第 2 期。

③ 参见高春亮：《文献综述：生产者服务业概念、特征与区位》，《上海经济研究》2005 年第 11 期。

④ Machlup F. , *The Production and Distribution of Knowledge in the United States*, Princeton Univ Prsess, 1962。

⑤ Browning H. L. , Singelmann J. , *The Emergence of A Service society: Demographic and Sociological Aspects of the Sectoral Transformation of the Labor Force in The USA*, ERIC: Texas Univ, Austin: Population Research Centor, 1975.

⑥ Juleff-Tranter L. , "Advanced producer services: just a service to manufacturing? "*Service Industries Journal*, Vol. 16, No. 3(1996) 1996, pp. 389-400.

后产出。[①] 简而言之，生产者服务业是一种中间投入，提供产出所需服务。[②]

生产性服务业是现代服务业的一部分，是根据服务业的对象进行区分的概念，主要是为生产活动提供中间投入的服务业，是直接或间接为生产、经营活动等提供中间服务，而不是直接向个体消费者提供的最终消费服务。[③]

2.1.3.3　知识密集型服务业

知识密集型服务业（Knowledge-intensive Business Service, KIBS）是现代服务业中最具发展潜力与创新活力的部门，西方学界对它的系统研究自 20 世纪 90 年代中期开始，中国理论界于 2001 年方开始相关研究。[④] KIBS 其他类似的名称有“知识服务业”“智力服务业”“专业服务业”“知识企业”等。[⑤]

KIBS 是近年来服务业研究的热点，其定义也是仁者见仁，智者见智。Miles 等人从企业性质、投入资源特征、产出特征角度考虑，认为 KIBS 是指那些显著依赖于专门领域的专业性知识，向社会和用户提供以知识为基础的中间产品或服务的公司和组织，在以知识为基础的知识经济社会中扮演主动且关键的作用。[⑥] 其他

---

① Hill P. ,“Tangibles, intangibles and services: a new taxonomy for the classification of output,” *The Canadian Journal of Economics/Revue canadienne d' Economique*, Vol. 32, No. 2(1999), pp. 426-446.

② 参见高春亮:《文献综述:生产者服务业概念、特征与区位》,《上海经济研究》2005 年第 11 期。

③ 参见郭伟、白丹、姜铸:《创新型服务业的概念与分类研究——以西安高新技术产业开发区创新型服务业发展为例》,《科技进步与对策》2011 年第 4 期。

④ 参见曹勇、佘硕:《知识密集型服务业概念内涵与外延的中国视角研究》,《科学学研究》2008 年增刊。

⑤ 参见曹勇、佘硕:《知识密集型服务业概念内涵与外延的中国视角研究》,《科学学研究》2008 年增刊。

⑥ Miles I. , Kastrinos N. , Flanagan K. , et al, *Knowledge-intensive Business Services*, EIMS publication, 1995.

具有代表性的定义还有 *Bilderbeek*(1998)①、Hipp(1999)②、Muller(2001)③等。魏江等人(2006)将 KIBS 的特征归纳为四高,即高知识度、高技术度、高互动度和高创新度。④

2.1.3.4 家庭服务业

家庭服务业是主要从事家庭服务活动的各种经济单位的总称,其外延主要包括家政服务业、部分社区服务业、家外病患陪护服务业、养老助残服务业、家庭外派委托服务、家庭专业服务业、其他家庭服务。⑤

2.1.3.5 高技术服务业

国外主要用"HTS"(High Technology Services)简称,主要观点认为 HTS 是指具有高技术产业特征的服务业,是由高技术制造业的内涵延伸形成的新业态,其主要包括通信服务业、软件与计算机、研发与实验室测试以及相关服务业。⑥

王仰东等人(2007)认为:高技术服务业是现代服务业发展过程中,现代服务业与高新技术产业相互融合发展的产物;是以创新为核心,以中小企业为实施主体,围绕产业集群的发展,旨在促进

---

① Bilderbeek R., Hertog P. D., Marklund G., et al, "Service innovation: knowledge intensive business service as co-producers of innovation," The Result of SI4S Synthesis Paper 3, 1998.

② Hipp C., *Information flows and knowledge creation in knowledge-intensive business services: scheme for a conceptualization*, Kluwer Academic, 2000.

③ Muller E., Zenker A., "Business Services as Actors of Knowledge Transformation: the Role of KIBS in Regional and National Innovation Systems," *Research Polich*, Vol. 30, No. 9(2001), pp. 1501-1516.

④ 参见魏江、陶颜、王琳:《知识密集型服务业的概念与分类研究》,《中国软科学》2007 年第 1 期 。

⑤ 参见姜长云:《关于家庭服务业概念内涵和外延的讨论》,《经济研究参考》2010 年第 60 期。

⑥ 参见姚正海、倪杰:《高技术服务业的概念、分类以及对社会经济发展的影响》,《商业经济》2012 年第 12 期。

传统产业升级、产业结构优化调整的进程中采用现代经营管理理念和商业模式，运用信息手段和高新技术，为生产和市场发展提供专业化增值服务的知识密集型新兴产业。[①] 王江和李郁璞(2010)则从广义和狭义两个角度来定义高技术服务业。从广义上，高技术服务业是指运用了高新技术的服务业，是由以生物技术、信息技术、新材料技术、新能源技术、空间技术、海洋技术以及环境保护和管理技术等最新前沿科学技术生产的内涵延伸形成的新业态；从狭义上，高技术服务业可以按照政策内容归结为运用高科技手段的现代服务业。[②] 李光和乔亚兰(2011)认为，高技术服务业是围绕高新技术创新及其应用并提供高附加值服务的产业，是高技术产业价值链的延伸。[③] 姚正海和倪杰(2012)认为，高技术服务业与知识密集型服务业、现代服务业以及生产性服务业等概念有一些相同之处，但高技术服务业是相对于高技术制造业而提出的，是高技术产业高级化的产物，是基于高技术而发展起来的服务业，也是目前战略性新兴产业的重要组成部分。[④] 高技术服务业是一个相对动态的概念，它既具有服务业的基本特性，又具有技术密集和高技术含量，区别于传统服务业。

2.1.3.6　传统服务业

传统服务业是在现代服务业的主要行业形成、独立和达到一定规模以后出现的一个相对概念，通常把现代服务业出现前就已

---

① 参见王仰东、杨跃承、赵志强：《高技术服务业的内涵特征及成因分析》，《科学学与科学技术管理》2007 年第 11 期。

② 参见王江、李郁璞：《北京市高技术服务业发展现状及前景分析》，《对外经济贸易大学学报》(国际商务版)2010 第 3 期。

③ 参见李光、乔亚兰：《高技术服务业：湖北跨越式发展的战略支撑》，《科技进步与对策》2011 年第 15 期。

④ 参见姚正海、倪杰：《高技术服务业的概念、分类以及对社会经济发展的影响》，《商业经济》2012 年第 12 期。

存在的各种服务行业称为“传统服务业”，主要包括交通运输仓储和邮政业、批发零售和住宿餐饮业。[①] 也有学者认为房地产业也应该属于传统服务业。[②]

传统服务业一方面具有促进经济流通、为居民提供消费服务的功能，在国民经济中具有重要地位；另一方面，与现代服务业相比，又具有劳动密集和技术含量低的特点，一些领域还保留传统经营方式。[③]

2.1.3.7　创新型服务业

国内外相关学者研究认为 KIBS 就是创新型服务业。[④] 国外较少有学者明确提出“创新型服务业”的概念。[⑤] Baark(2001)在研究工程咨询业创新特征时认为 KIBS(Knowledge Intensive Business Service)是创新型的服务业。[⑥]

国内学者对于“创新型服务业”的研究也不多见，以下是几种代表性的观点。王树林认为，创新型服务业是以高新技术为支撑、技术关联性强、科技含量和附加值高的新兴服务业态，是服务业中

---

① 参见王新华、蔡小勇：《武汉传统服务业改造升级策略研究》，《武汉工业学院学报》2010 年第 4 期。

② 参见张二君：《SFDI 对河南省传统服务业技术进步的影响研究》，《预测》2011 年第 5 期。

③ 参见马黎明：《济南传统服务业发展现状及优化升级分析——基于全国 15 个副省级城市的比较研究》，《聊城大学学报》(社会科学版)2009 年第 6 期。

④ 参见郭伟、白丹、姜铸：《创新型服务业的概念与分类研究——以西安高新技术产业开发区创新型服务业发展为例》，《科技进步与对策》2011 年第 4 期。

⑤ 参见郭伟、白丹、姜铸：《创新型服务业的概念与分类研究——以西安高新技术产业开发区创新型服务业发展为例》，《科技进步与对策》2011 年第 4 期。

⑥ Baark E., *Innovation in a Knowledge-Intensive Service: The Case of Engineering Consultancy*, Proceedings of the Proc of Nelson and Winter Conference, Aalborg, Denmark, 2001.

最具创新活力的产业。[①] 赵宏、王小兰等(2007)认为,创新型服务业是指以高技术特别是信息和通信技术作为重要支撑,以服务为表现形态,服务手段更先进、服务内容更新颖、科技含量和附加值更高的新兴服务业态。[②] 傅正华、王媛、牛芳等(2008)认为,创新型服务业是现代服务业的核心和重要组成部分,是以信息技术和网络技术等高新技术作支撑、技术关联性强、科技含量和附加值高的新兴服务业。[③] 魏永莲认为,创新型服务业是现代服务业的重要组成部分,是伴随信息技术的发展出现的高新技术产业服务化和服务业高新技术化二者相互融合交叉催生的产物,是以高新技术作支撑、技术关联性强、科技含量和附加值高的新兴服务业态,是服务业中最具创新活力的产业。[④]

除了以上列举的 7 个概念以外,还有学者提出了"低碳服务业"[⑤]"健康服务业"[⑥]等新概念。截至 2012 年 7 月 31 日,在 CNKI 中以"题名"为依据检索以上概念,文献数量结果见表 2-1。

---

① 参见王树林:《现代服务业:北京经济发展第一支柱产业》,《新视野》2006 年第 4 期。

② 参见赵弘、王小兰:《中关村创新型服务业发展报告》,社会科学文献出版社 2007 年版,第 263 页。

③ 参见傅正华、王媛、牛芳:《北京创新型服务业研究》,社会科学文献出版社 2008 年版,第 33 页。

④ 参见魏永莲:《北京创新型服务业的提出背景及发展特点分析》,《北京机械工业学院学报》2008 年第 1 期。

⑤ 参见曹莉萍、诸大建、易华:《低碳服务业概念、分类及社会经济影响研究》,《上海经济研究》2011 年第 8 期。

⑥ 参见高汝熹、车春鹂、吴晓隽:《服务业创新集群研究——以上海市健康服务业为例》,《研究与发展管理》2009 年第 6 期。

表 2-1　　国内几种服务业类别研究热度对比

题名检索词	文献数量(仅以 CNKI 数据库为例)
现代服务业	2260
生产性服务业	1269
知识密集型服务业	169
生产者服务业	160
家庭服务业	124
高技术服务业	56
传统服务业	30
创新型服务业	11
健康服务业	12
低碳服务业	4

表 2-1 中所列出的 10 个目前国内服务业研究中的热点概念大多是从服务业的某一个或某几个特征出发得到的，在概念的内涵上出现了很多重叠的部分。

2.2　服务集群文献综述

2.2.1　服务集群概念

伴随着目的地集聚的过程，横向相关的服务企业形成了服务集群，例如美国拉斯维加斯的娱乐和赌场业集群[①]、澳大利亚的旅

① Porter M. E., *On Competition*, New York: Harvard Business School Press, 1998.

游业集群。[1] Scott(1988)发现，产业集聚区域主要显著地建立在三大主要的产业部门：重获新生的工艺和设计密集型产业(为最终消费生产产品)、高技术产业、服务性产业(主要为商业性服务企业)。[2]

自马歇尔以来[3]，集群研究大多集中于制造业及工业集群，许多经济学家和经济地理学家致力于理论化制造业集群的"集聚经济"的观点。他们认为，集聚经济是企业因在某地的产业规模及由此引发的与同处集群的其他企业分享外部性支出能力而带来的企业成本的节约，如 Keeble(2000)[4]。然而许多学者如 Gadrey 和 Gallou(1998)指出，制造业集聚的理论与模型并不适合服务业。因为服务性企业提供用户定制的服务，其创新的信息、专门的知识和技能有别于为最终消费生产产品的制造企业。[5] 由于对服务业集群研究不足，用传统产业集聚的概念解释服务业集群的局限性导致一部分国外学者试图开发出现代服务业集群的新框架。

Scott(1988)率先将"服务业集群"概念化，强调"极为适应外界变化的外部联系和劳动力市场关系的网络的重要性"。[6] Wood (1991)是在产业集聚框架下考察服务业增长，但并未直接研究地

---

① Jackson J., Murphy P., "Clusters in regional tourism An Australian case," *Annals of Tourism Research*, Vol. 33, No. 4(2006), pp. 1018-1035.

② Scott A. J., "Flexible production systems and regional development: the rise of new industrial spaces in North America and western Europe," *International Journal of Urban and Regional Research*, Vol. 12, No. 2(1998), pp. 171-186.

③ 参见[英]马歇尔:《经济学原理》，陈良璧译，商务印书馆 1965 年版。

④ Keeble D., Wilkinson F., *High-technology Clusters, Networking and Collective Learning in Europe*, Ashgate Aldershot, 2000.

⑤ Gadrey J., Gallou J. F., "The provider-customer interface in business and professional services," *Service Industries Journal*, Vol. 18, No. 2(1998), pp. 1-15.

⑥ Scott A. J., "Flexible production systems and regional development: the rise of new industrial spaces in North America and western Europe," *International Journal of Urban and Regional Research*, Vol. 12, No. 2(1998), pp. 171-186.

理集聚及其决定因素的问题。[①] 同时，Moulaert 和 Gallouj (1993)[②]、Keeble(2000)[③]等指出，对知识型服务业集群的研究需要包含越来越重要的全球网络、客户与集群企业间的联系。Hsieh 等人(2011)认为传统产业集群的主要目的是成本、生产和分销渠道，而服务集群的价值来自于消费，因而有形资产、机器设备和基础设施不再是可以获利的资源。[④] Hu Ying 等人(2009)认为服务集群的概念和结构为社会服务网络设计提供了借鉴。[⑤]

2.2.2 服务集群产生的原因

丹尼尔·贝尔(2009)认为造成服务业集中发展的关键因素是互补共生，也就是单一类型服务业需要各种不同的服务业聚集在一起，才能完成其服务的最终目的。[⑥] 但是，丹尼尔·贝尔认为虽然服务业会因互补共生而获得收益增加或成本降低，服务业的聚集也会产生聚集不经济的现象；并因为不同类别服务业对产业区位影响因素不同，所以在空间分布上受集聚经济的影响程度也不同，进而造成在空间分布上的集中程度也有所不同。Vernon 和 Hoover(2010)认为服务业在空间分布上会受到交通成本、劳动

---

① Wood P. A., Flexible accumulation and the rise of business services, *Transactions of the Institute of British Geographers*, Vol. 16, No. 2(1991), pp. 160-172..

② Moulaert F., Gallouj C., "The locational geography of advanced producer service firms: the limits of economies of agglomeration," *Service Industries Journal*, Vol. 13, No. 2(1993), pp. 91-106.

③ Keeble D., Wilkinson F., *High-technology Clusters, Networking and Collective Learning in Europe*, Ashgate Aldershot, 2000.

④ Hsieh P., Li Y. R., "Innovation within a Service Cluster A Case from Taipei 101 Retail District," 2011 *International Conference on Economics and Finance Research*, Singapore: IACSIT Press, 2011.

⑤ Hu Y., Ji T., Li L., *Social Networking Service design: from User Cluster to Service Cluster*, IEEE, 2009.

⑥ 转引自陶峻:《现代服务业集聚机理研究》,《商场现代化》2007 年第 36 期。

力、办公租金及其他空间因素的影响，并认为消费性服务业与生产性服务业都同属服务业范畴，在空间分布上有正的相关性存在，但因两种类型服务业的区位条件要求有所不同，所以在空间分布上也存在差异。[①] 这些研究表明：服务业集群发展的一个理由是获取全球网络、客户和知识以及地方知识基地的需求。

Moullaert 和 Gallouj(1993)[②]，Pinch 和 Henry(1999)[③]认为，来自距离最小化的交易成本节约，其自身不足以解释高附加值和知识型集群活动的持续增长；相反，对这些企业重要的是获取当地化和相对不流动的隐性知识以及知识外溢。Hsieh(2010)认为服务集群创新机制、传统产业集群完全不同，传统产业集群依靠知识溢出完成创新，服务集群创新的三个基本支点是服务场景、联合品牌和服务环境。[④] Camagni(1991)[⑤]、Keeble 和 Wilkinson(2000)[⑥]认为，对于成功的知识型集群而言，重要的是与"创新环境"有关的当地"集体学习过程"。他们强调特定产业或部门的企业在地区集

① Vernon R., Hoover E. M., *Anatomy of a Metropolis*, *Cambridge*, MA: Harvard University Press, 1959.

② Moulaert F., Gallouj C., "The locational geography of advanced producer service firms: the limits of economies of agglomeration," *Service Industries Journal*, Vol. 13, No. 2(1993), pp. 91-106.

③ Pinch S., Henry N., "Paul Krugman′s geographical economics, industrial clustering and the British motor sport industry," *Regional Studies*, Vol. 33, No. 3 (1999), pp. 815-827.

④ Hsieh P. F., Pai J. T., "What is the difference of innovation between industrial and service cluster? A case study," *International Journal of Sustainable Society*, Vol. 2, No. 4(2010), pp. 355-375.

⑤ Camagni R., "Local 'milieu', uncertainty and innovation networks: towards a new dynamic theory of economic space," *Innovation Networks Spatial Perspectives*, London: Belhaven, 1991.

⑥ Keeble D., Wilkinson F., *High-technology Clusters, Networking and Collective Learning in Europe*, Ashgate Aldershot, 2000.

聚的方式能随时间产生充满活力的过程，这一过程明显增强了企业的创造性及学习和分享集群企业所创造新知识的能力。在成功的知识型创新的环境下，通过使集群企业接入"集体学习过程"，从而增强了集群的竞争优势，提高了集群的增长率。而这一过程是通过地方劳动力市场的技术劳动力的流动、客户-供应商在技术和组织上的交流、模仿来运作的。

国内有学者从服务业集群的功能和作用的角度分析其产生的原因。魏江和夏雪玲(2004)、魏江和朱海燕(2006)提出：知识密集型服务业在经济系统中起着知识创造、传播和利用等作用，并结合慈溪家电产业集群的案例，总结产业集群内知识型服务业与产业集群发展的互动模式。① 郑吉昌(2005)从产业集群的形成机理和竞争优势理论出发，探讨了服务经济时代服务业与产业集群的互动关系，指出良好的服务业支持是产业集群形成、发展并保持竞争优势的必要条件。② 陈守明和韩雪冰(2006)从生产性服务业发展的僵局及其化解的角度，提出了基于产业集群价值链分解的生产性服务企业的发展。③ 周明生和王辉龙(2006)在基于产业集群创新优势研究成果的基础上，分析了生产性服务业作为镶嵌于产业集群创新系统的一个部分，起着作为企业生产活动的媒介的作用，并对硅谷经验和港沪两地生产性服务业在我国珠三角、长三角经济区的作用进行了描述性分析。④ 李素喜和褚英敏(2009)认为服

---

① 参见魏江、夏雪玲：《产业集群中知识密集型服务业的功能研究》，《科技进步与对策》2004年12期；魏江、朱海燕：《知识密集型服务业与产业集群发展的互动模式研究》，《研究与发展管理》2006年第2期。

② 参见郑吉昌、夏晴：《服务业发展与产业集群竞争优势——以浙江产业集群发展为例》，《财贸经济》2005年第7期。

③ 参见陈守明、韩雪冰：《基于制造业产业集群的生产者服务业发展模式》，《上海企业》2006年第5期。

④ 参见周明生、王辉龙：《浅论生产性服务业对产业集群创新的作用机理》，《南方经济》2006年第10期。

务业集群的竞争优势有以下几个方面：一是服务差别化优势，二是市场竞争优势，三是信息获取优势，四是人才引进优势，五是成本降低优势，六是品牌共享优势，七是服务创新优势，八是集群内的企业竞争格局的改变。[①]

王颖（2008）研究了世博会在构筑统一的市场、拓展与整合服务系统、加强创新系统的整合等方面对长三角地区现代服务业的产业集群的影响，分析了长三角地区现代服务业产业集群所产生的外部效应、成本效应、品牌效应、创新效应、人才效应、制度效应，提出了长三角产业集群进一步扩展与整合的措施。[②]

2.2.3　服务集群发展的成功经验

Nachum 和 Keeble（1994）深入研究了伦敦中心区的媒体集群，他们发现了地方化集体学习过程作为媒体集群创新和活力主要源泉的有力证据。[③] 为进一步验证此结论的适用性，Nachum 和 Keeble 详细调查了伦敦和南英格兰的 300 家中小型管理和工程咨询类企业，他们发现不仅大的咨询机构而且中小型专业性咨询机构都倾向于集聚在大都市，因为他们均看重集群位置所提供的全球网络的机会。他们认为，对于专业性服务业集群，极为适应外界变化的外部联系和劳动力市场关系的网络十分重要。因而专业性服务业集群高度重视空间上聚集的网络对获取重要新知识，尤其是专业和市场知识的重要性。Sassen（1995）也认为咨询企业定

---

① 参见李素喜、褚英敏：《服务业集群竞争优势研究》，《河北大学学报》（哲学社会科学版）2009 年第 5 期。

② 参见王颖：《上海世博会对长三角地区现代服务业集群的影响研究》，《上海经济研究》2008 年第 5 期。

③ Nachum L., Keeble D., "Neo-Marshallian nodes, global networks and firm competitiveness: the media cluster of central London," *ESCR Centre for Business Research*, University of Cambridge, Cambridge, 1999.

位在国际性大都市的知识型服务业集群内对开发和促进全球联系具有超常的优势。[①] Miner(1999)的研究表明:大伦敦区聚集了全英国最重要的服务业集群,如伦敦市中心的商业性服务集群,伦敦市区的金融服务业集群,伦敦 SOHO 区的电影、电视等媒体制作集群。[②]

樊绯(2000)从城市地域结构与功能分区的角度,讨论了 20 世纪城市中央商务区的演变。[③] 原欢祥和王兴中(2002)分析了中央商务区区域变化与类型以及中央商务区内人口居住、商业服务业与中心区就业趋势演变规律、零售业空间变化规律、办公功能与空间的演化、宾馆市场的演化等问题。[④] 郑伯红和陈瑛(2004)着眼于中央商务区的聚集效应,讨论重庆解放碑商圈及其演化的过程,验证了中央商务区形成与演化的内在机理。[⑤]

李红(2005)梳理了国外知识型服务业集群的研究成果,点评了知识型服务业集群研究的不足,呼吁对知识型服务业集群研究的紧迫性。[⑥] 王晓玉(2006)从生产性服务业集聚的内涵和机理,生产性服务业集聚区的模式、演化以及集聚、扩散的关系等方面,对国外生产性服务业集聚的相关研究进行了梳理和评论。[⑦]

---

① Sassen S.,*Cities in a World Economy*,California: Thousand Oaks,1994.

② Miller P., Botham R., Martin R., et al,*Business Clusters in the UK: A First Assessment*,Great Britain: Department of Trade and Industry,2001.

③ 参见樊绯:《20 世纪城市发展与 CBD 功能的演变》,《城市发展研究》2000 年第 4 期。

④ 参见原欢祥、王兴中:《当代西方国家中心商务区的演变规律》,《世界地理研究》2002 年第 2 期。

⑤ 参见郑伯红、陈瑛:《重庆大都市区 CBD 系统演变的机制与规律》,《经济地理》2004 年第 1 期。

⑥ 参见李红:《知识密集型服务业集群研究述评》,《科学管理研究》2005 年第 6 期。

⑦ 参见王晓玉:《国外生产性服务业集聚研究述评》,《当代财经》2006 年第 3 期。

杨亚琴和王丹(2005)、杨亚琴(2006)通过对纽约、伦敦、东京三个国际大都市现代服务业集群发展模式的比较研究,对上海陆家嘴金融贸易区、外高桥保税区、赤峰路一条街现代服务业集群三个案例进行了分析,并指出了外生性服务业集群和内生性服务业集群的产业特征、内在机理和相关的产业政策。①

蒋三庚(2006)论述了现代服务业集群的含义、形成因素、集聚模式以及发展现代服务企业集群的条件。② 徐全勇(2005)借鉴英国金融服务业产业集群的经验,对上海建设金融中心实施产业集群战略提出初步的构想。③ 姚莉英(2006)从形成机制的角度,归纳提出了原生型、嵌入式和外生性三类服务业集群发展模式,并在分析三种模式利弊的基础上指出:嵌入式发展模式尤其值得城市政府研究和借鉴。④ 张树林(2006)指出:我国现代服务业的发展要抓住机遇,合理引导现代服务业在中心城市的集聚。⑤

赵炎和周文(2009)运用粗糙集方法,对德国雷根斯堡地区的六个知识密集型服务业集群的创新能力进行了综合评价研究,结果表明软环境的建设和集群对入驻企业的影响这两个方面对集群的创新能力具有较强的影响。⑥ 车春鹂(2010)运用实际数据分析

---

① 参见杨亚琴、王丹:《国际大都市现代服务业集群发展的比较研究——以纽约、伦敦、东京为例的分析》,《世界经济研究》2005 年第 1 期;杨亚琴:《上海现代服务业集群发展的途径与机理——以陆家嘴金融贸易区、外高桥保税区、赤峰路一条街为例的分析》,《上海经济研究》2006 年第 12 期。

② 参见蒋三庚:《CBD 与现代服务业企业集群研究》,《首都经济贸易大学学报》2006 年第 5 期。

③ 参见徐全勇:《英国金融服务业产业集群发展对上海金融中心建设的启示》,《上海金融》2005 年第 12 期。

④ 参见姚莉英:《服务业集群发展模式研究——以上海服务业为例》,《广东社会科学》2006 年第 4 期。

⑤ 参见张树林:《现代服务业集聚效应分析》,《北方经贸》2006 年第 6 期。

⑥ 参见赵炎、文周:《基于粗糙集理论的知识密集型服务业集群创新能力评价研究》,《软科学》2009 年第 4 期。

了纽约市法律服务业集群的现状、特征、空间布局及形成机理；并根据对上海法律业实地调研结果及统计数据、上海市发展战略及区位优势，分析了上海法律服务业的现状及发展法律服务业的有利条件，提出了推进法律服务业初始集群形成的对策建议。① 连建辉等人(2010)认为世界上最大的三个现代服务业集群分别位于美国纽约、英国伦敦以及日本东京，它们形成了三种典型的现代服务业集群发展模式：中心区膨胀发展模式、中心区抑制发展模式、膨胀发展与多点截留双元发展模式。②

2.2.4 服务集群的其他问题

关于现代服务业集群识别指标问题。朱新艳和代文(2007)提出了由显示性指标和解释性指标构成的现代服务业集群识别指标体系。③

服务集群知识溢出与创新问题。陈守明(2009)认为：企业间亲密的关系和企业浓厚的学习文化对知识密集型服务业企业之间的知识转移有重要的促进作用。企业较强的吸收能力、企业间较近的组织距离对产业集群内知识密集型服务业企业之间的知识转移有较大促进作用；知识的模糊性对知识密集型服务业集群内企业之间的知识转移有阻碍作用；中等的知识距离比较远的知识距离更有利于产业集群内知识密集型服务业企业之间的知识转

---

① 参见车春鹂：《纽约与上海市法律服务业集群比较研究》，《上海交通大学学报》(哲学社会科学版)2010 年第 1 期。

② 参见连建辉、孙焕民、钟惠波：《金融企业集群：经济性质、效率边界与竞争优势》，《金融研究》2005 年第 6 期。

③ 参见朱新艳、代文：《浅析现代服务业集群的成长机制与识别方法》，《华东经济管理》2007 年第 7 期。

移。[①] 吕维霞(2010)在阐述当前我国高科技服务业集群发展现状,指出我国高科技现代服务业集群创新优势不足的主要表现,分析制约高科技服务业集群创新优势主要因素的基础上,提出了我国高科技服务业集群创新优势的提升策略。[②]

生产性服务集群的相关问题。张凤杰等人(2008)对生产性服务业概念及其特征进行了界定,分析了生产性服务业集群化的原因,总结归纳了生产性服务业集群的五种模式。同时对上海和北京的生产性服务业集群进行了调研,并给出了政府促进集群发展的政策建议。[③] 刘湖和刘昌菊(2011)对陕西省生产性服务业集群效应进行实证研究,并在此基础上提出相应的对策建议。[④]

知识密集型服务集群的相关问题。张庭发等人(2011)在对知识密集型服务业集群的基本内涵和小世界网络应用现状分析的基础上,通过小世界网络的三个维度——平均路径长度、聚集系数、报酬函数,对知识密集型服务业集群进行了深入分析,探讨了提高知识传播效率的有效途径和对策,为进一步研究知识密集型服务业集群的管理创新提供了数量分析。[⑤] 张云和孙力军(2009)比较了国际上现代服务业集群发展模式与金融企业集聚的共性及其效应,并以上海经济和金融发展为例分析了金融信用活动与产业结

---

① 参见陈守明:《知识密集型服务业集群内企业间知识转移影响因素——环同济建筑设计产业带的实证研究》,《财贸研究》2009 年第 5 期。

② 参见吕维霞:《我国高科技现代服务业集群创新优势的制约因素及提升策略》,《中国地质大学学报》(社会科学版)2010 年第 5 期。

③ 参见张凤杰、张立、陈继祥:《生产性服务业集群化发展动因研究》,《科技进步与对策》2008 年第 12 期。

④ 参见刘湖、刘昌菊:《陕西省生产性服务业集群效应研究》,《统计与信息论坛》2011 年第 11 期。

⑤ 参见张庭发、徐维爽、郭莹:《基于小世界网络模型的知识密集型服务业集群的知识传播分析》,《科技进步与对策》2011 年第 16 期。

构调整之间的变化关系。[①]

关于服务集群治理问题。胡雅蓓(2011)从组织创新的视角探讨了现代服务业集群治理问题。[②]

2.3 集群品牌文献综述

2.3.1 集群品牌概念

一些学者认为,我国的"集群品牌"概念来自于国外一个被的普遍使用并一致认同的词组"place branding"。[③] "place branding"这个词组在国内被一些学者译作"区域品牌"。Mihalis Kavaratzis(2005)给出了区域品牌的定义,"place branding"是功能、情感、关系和战略要素共同作用于公众的头脑中并产生一系列独特联想的多维组合。[④] 该定义实际上是把 Aaker 关于品牌的定义套用到"区域"身上了。Kavaratzis 认为,"place branding"是一个复杂的概念,至少包括以下几个方面的内容:原产地品牌(place of

---

① 参见张云、孙力军:《现代服务业集群发展:金融企业集聚与金融信用活动——以上海市为例》,《经济经纬》2009 年第 2 期。

② 参见胡雅蓓:《现代服务业集群治理研究:基于组织创新的视角》,《经济问题探索》2011 年第 11 期。

③ Anholt S. ,"Editors foreword to the first issue,"*Place Branding*, Vol. 1, No. 1(2004), pp. 4-11.

④ Kavaratzis M. ,"Place branding: a review of trends and conceptual models ," *The Marketing Review*, No. 5(2005), pp. 329-342.

origin branding)[①]、国家品牌(nations branding)[②]、文化/娱乐品牌(culture/entertainment branding)[③]、目的地品牌(destination branding)[④]、区域/城市品牌(place/city branding)[⑤]。

---

① Kotler P., Gertner D.,"Country as brand, product, and beyond: A place marketing and brand management perspective," *The Journal of Brand Management*, Vol. 9, No. 4(2002), pp. 249-261. Papadopoulos N., Heslop L.,"Country equity and country branding: Problems and prospects," *The Journal of Brand Management*, Vol. 9, No. 4(2002), pp. 294-314.

② Anholt S.,"Nation Branding: A continuing theme," *Journal of Brand Management*, Vol. 10, No. 1(2002), pp. 59-60. Gilmore F.,"A country-can it be repositioned? Spain-the success story of country branding," *The Journal of Brand Management*, Vol. 4, No. 5(2002), pp. 281-293. Vanham P.,"Rise of the Brand State-The Postmodern Politics of Image and Reputation," *Foreign Aff*, Vol. 80, No. 5(2001), pp. 2-6.

③ Evans G.,"Hard-branding the cultural city-from Prado to Prada," *International Journal of Urban and Regional Research*, Vol. 27, No. 52(2003), pp. 417-440. Greenberg M.,"The limits of branding: the World Trade Center, fiscal crisis and the marketing of recovery," *International Journal of Urban and Regional Research*, Vol. 27, No. 2(2003), pp. 386-416. 参见刘强、李文雅:《创意产业的城市基础》,《同济大学学报》(社会科学版)2008 年第 4 期。

④ Ritchie J.,"The branding of tourism destinations," *A Basic Report Prepared for Presentation to the* 1998 *Annual Congress of theInternational Association of Scientific Experts in Tourism Marrakech*, Morocco, 1998. Morgan N., Pritchard A., Pride R., *Destination Branding: Creating the Unique Destination Proposition*, Butterworth-Heinemann Ltd, 2002.

⑤ Hankinson G.,"Location branding: A study of the branding practices of 12 English cities," *Journal of Brand Management*, Vol. 9, No. 2(2001), pp. 127-142. Hankinson G.,"Relational network brands: Towards a conceptual model of place brands," *Journal of Vacation Marketing*, Vol. 10, No. 2(2004), pp. 109-121. Kavaratzis M., "From city marketing to city branding: Towards a theoretical framework for developing city brands," *Place Branding*, Vol. 1, No. 1(2004), pp. 58-73. Kavaratzis M., Ashworth G. J.,"City branding: an effective assertion of identity or a transitory marketing trick?" *Tijdschrift Voor Economische en Sociale Geografie*, Vol. 96, No. 5(2004), pp. 506-514.

David Gertner (2011)给"区域营销"和"区域品牌"作了一个详细的文献综述。在该论文中,他提到:"2004 年,《区域品牌和公共关系》季刊的创立,让'区域营销'和'区域品牌'找到了更好的舞台;2008 年,《区域管理和发展》杂志成为另一个刊发与'地理品牌'有关论文的媒介。"[①]简而言之,他认为区域品牌属于地理品牌(geographic brands)范畴。

由此可见,国外学者所研究的"区域品牌"中"区域"二字指的是地理学意义上的区域,与产业集群无关。营销学理论、品牌理论从商品和服务领域逐渐向外扩展和泛化,从商品、服务营销到区域营销,从商品、服务品牌到区域品牌,这种源自 Kotler 和 Levy (1969)[②]的泛化思想是"place branding"概念产生的滥觞。[③] 而中国学者将泛化的思想应用到了产业集群,就有了"集群品牌"的概念,不仅如此,在我国文献中出现的"区域品牌"一词,指的往往也是"集群品牌"。赵军和邢明军(2008)就认为国内研究者是为了研究产业集群才引入区域品牌概念的,其主要贡献就是发现了产业集群、区域、品牌三者之间的必然联系。[④] 而对于某些产品几乎同质的同行业企业来说,打造各自的单一品牌已很难在激烈的市场竞争中获得更大的发展。很多地区、行业依托产业的集聚性,打造

① Gertner D.,"A (tentative) meta-analysis of the 'place marketing' and 'place branding' literature," *Journal of Brand Management*, Vol. 19, No. 2(2011), pp. 112-131.

② Kotler P., Levy S. J.,"Broadening the concept of marketing," *The Journal of Marketing*, Vol. 33, No. 1(1969), pp. 10-15.

③ Kavaratzis M.,"Place branding: a review of trends and conceptual models," *The Marketing Review*, No. 5(2005), pp. 329-342.

④ 参见赵军、邢明军:《区域品牌:一个特指"产业集群"的品牌概念》,《河北学刊》2008 年第 5 期。

“区域品牌”“集体品牌”，而这些实质上就是“集群品牌”。[①]

因此，国内有些学者认为“集群品牌”是中国学者在产业集群研究领域倡导的一个原创性概念。[②] 以 CNKI 数据库为例，“集群品牌”一词第一次出现在 2002 年，蔡宁、杨旭等人在其论文中使用了“集群的品牌”[③]这个词组，仅仅是提及，并没有作相关的概念界定和分析。

此后，众多学者从不同的角度对“集群品牌”进行了界定。夏曾玉和谢健（2003）认为区域品牌是某地域的企业品牌集体行为的综合体现，并在较大范围内形成了该地域某行业或某产品较高的知名度和美誉度。[④] 邓恢华和杨建梅（2005）认为集群品牌是一个集群区别于其他集群的标志，代表了集群内企业的一种潜在的竞争力与获利能力，是集群内的企业长期规范经营，通过良好的质量、全面周到的服务等积累起来的良好声誉，从而导致了消费者的对集群内所有生产同类产品的厂商的信任和忠诚。[⑤] 熊爱华和汪波（2007）认为，区域品牌的构成要素是区域特性、品牌内涵和产业实力。[⑥] 尉雪波和张仲燕（2007）认为区域品牌是指在某个行政地理区域范围内形成的具有相当规模和较强生产能力、较高市场占

---

① 参见杨丽芳：《用集群品牌提升产业竞争力——以山西老陈醋为例》，《科技创新导报》2007 第 32 期。

② 参见全清、杨晓芹：《区域产业集群品牌理论研究梳理及评论——基于广东学者研究文献的考察》，《经济前沿》2008 年第 12 期。

③ 参见蔡宁、杨旭：《协作行为对企业集群竞争力的影响》，《徐州建筑职业技术学院学报》2002 第 3 期。

④ 参见夏曾玉、谢健：《区域品牌建设探讨——温州案例研究》，《中国工业经济》2003 年第 10 期。

⑤ 参见邓恢华、杨建梅：《从集群品牌视角探讨广州汽车产业集群竞争力的提升》，《南方经济》2005 年第 9 期。

⑥ 参见熊爱华、汪波：《基于产业集群的区域品牌形成研究》，《山东大学学报》（哲学社会科学版）2007 年第 2 期。

有率和影响力的产业产品。[①] 骆建艳和丁颖(2007)认为所谓集群品牌,通俗地说就是一个区域名称再加上一个产业名称,像嵊州领带、永康五金、绍兴轻纺、柳市电器等。[②]

赵军和邢明军(2008)认为区域品牌特指某个地区的特色"产业集群",它象征着该产业集群的历史与现状;区域品牌是由区域(地名)和产业(产品)名称构成的识别系统;它在法律上表现为证明商标或集体商标。[③] 张国亭(2008)认为集群品牌是集群内企业集体行为的综合体现,是集群内众多组织、机构在对某一种或某一类产品(服务)长期的生产经营中积累而形成的,具有为外部购买者、合作者以及其他相关者所广泛认可的知名度、美誉度的名称和标识。[④] 李大垒和仲周伟(2008)将"集群品牌"定义为:特定产业集群在国内外市场上所具有的较高的知名度、美誉度和忠诚度,是集群内众多企业发展所形成的正面因素的结晶,是集群内众多企业品牌集体行为的综合体现。[⑤] 袁宇和吴传清(2009)认为产业集群品牌指特定区域产业集群发展所累积的产业、产品知名度、美誉度等声誉。[⑥]

本研究借鉴学者吴传清的定义,认为集群品牌是指特定区域

---

① 参见尉雪波、张仲燕:《区域品牌形成和管理过程中的博弈模型研究》,《统计与决策》2007 年第 22 期。

② 参见骆建艳、丁颖:《论集群品牌的建设与运作:以嵊州领带为例》,《特区经济》2007 年第 1 期。

③ 参见赵军、邢明军:《区域品牌:一个特指"产业集群"的品牌概念》,《河北学刊》2008 年第 5 期。

④ 参见张国亭:《产业集群品牌内涵、类型与效应探讨》,《中国石油大学学报》(社会科学版)2008 年第 6 期。

⑤ 参见李大垒、仲伟周:《产业集群品牌发展模式转换的实证研究》,《商业经济与管理》2008 年第 8 期。

⑥ 参见袁宇、吴传清:《产业集群品牌"公地悲剧"风险成因和规避方略——以"金华火腿"为例》,《学习月刊》2009 年第 22 期。

产业集群发展所累积的产业或主导产品知名度和美誉度等声誉，以地理名称(产业集群区位名称)和产业名称(或产品通用名)组合标识的集体品牌。①

2.3.2　集群品牌类型

2.3.2.1　从法律保护的角度分类

肖阳和谢远勇(2010)认为区域品牌有三种基本类型:法律认可型、行业协会认可型、市场认可型。② 张国亭(2008)将集群品牌分为四种类型:已经注册集群品牌型、围绕核心企业品牌运作型、共享主导企业品牌的"品牌俱乐部"型、既无主导企业亦未注册统一品牌型。③

2.3.2.2　从集群内企业品牌实力的角度分类

李大垒和仲伟周(2008)以浙江大唐袜业集群的品牌发展为案例进行实证研究,结果表明集群品牌有两种不同的类型:一种是由于生产同类产品的企业数量众多而形成的"覆盖"型集群品牌,其特点是已有集群整体品牌,但集群内还没有在市场上有影响力的单个企业名牌,集群内众多中小企业多以贴牌形式存在;另一种是由优质的企业品牌(即企业名牌)支撑而形成的"依托"型集群品牌,它的特点是先有几个企业名牌再有集群品牌,集群内存在企业领头品牌和中小企业跟随品牌,在市场上企业领头品牌的影响力

① 参见吴传清:《区域产业集群品牌理论研究进展——以广东学者的研究文献为考察对象》,《学习与实践》2009 第 2 期。

② 参见肖阳、谢远勇:《产业集群视角下的区域品牌培育模式分析》,《福州大学学报》(哲学社会科学版)2010 年第 6 期。

③ 参见张国亭:《产业集群品牌内涵、类型与效应探讨》,《中国石油大学学报》(社会科学版)2008 年第 6 期。

超过集群品牌。[①]

2.3.2.3 从产品技术革新速度角度分类

牛永革和赵平(2011)从产品技术革新速度角度，把原产地名称品牌和地名民间品合并为“特殊性产业集群品牌”，与此对应的集群称之为“特殊性产业集群”；把原产地名称品牌和地名民间品之外的集群品牌称之为“一般性产业集群品牌”，与此对应的集群称之为“一般性产业集群”。[②]

2.3.3 集群品牌特征

徐鹏和赵军(2007)认为区域品牌具有产业集群和品牌双重性质：区域品牌具有识别性、资产性、竞争性等特征；区域品牌资产的公共性使其增产增值面临内部和外部的挑战。[③] 梁文玲(2007)认为区域品牌具有多重属性：公共产品特性、管理主体非唯一性、准统一品牌特性、产业区域边界特性、产业优势特性、产业集群路径依赖特性，并研究了区域品牌在当前我国产业集群转型升级中的积极效应。[④]

袁宇和吴传清(2009)认为，产业集群品牌包含“区域特性”(集群活动的地理区位)、“产业特性”(集群活动的产业载体)和“品牌效应”(集群产业声誉、产品市场影响力)三大元素。[⑤] 盖宏伟

---

① 参见李大垒、仲伟周：《产业集群品牌发展模式转换的实证研究》，《商业经济与管理》2008 年第 8 期。

② 参见牛永革、赵平：《基于消费者视角的产业集群品牌效应研究》，《管理科学》2011 年第 2 期。

③ 参见徐鹏、赵军：《产业集群的区域品牌资产增值研究》，《中国科技论坛》2007 年第 8 期。

④ 参见梁文玲：《基于产业集群可持续发展的区域品牌效应探究》，《经济经纬》2007 年第 3 期。

⑤ 参见袁宇、吴传清：《产业集群品牌“公地悲剧”风险成因和规避方略——以“金华火腿”为例》，《学习月刊》2009 年第 22 期。

(2010)认为产业集群品牌具有统一性、时代性、区域性、动力性和持久性等特征。[①] 夏华强等人(2011)认为区域产业集群品牌具有“产业集群社区俱乐部产品”属性,其产权类型表现为“产业集群社区共有产权”,呈现主体多元化、内部非排他性和外部排他性、不可分割性、不可让渡性、模糊性特征。[②] 张国亭(2008)总结了集群品牌与企业品牌的主要区别(见表 2-2)。[③]

表 2-2　　集群品牌与企业品牌的区别

集群品牌	企业品牌
以某一特定区域为载体	以某一企业产品为依托
集群发展到一定阶段,由市场认可和称呼的	企业自己制作、命名的
众多企业品牌的综合体现	单个企业的名称、标识物
众多源动力	单一源动力
品牌效应大而且持久	品牌效应小而且短暂
广告、促销、研发等多方面规模和范围经济效益	势单力薄,难以发挥规模和范围经济效益
理想丰富:区域集群整体形象	缺乏联想:单一企业,独特形象
不能转让、许可集群外企业和个人使用及占有	可以转让使用权和所有权

① 参见盖宏伟:《产业集群品牌特征、结构及构建策略》,《企业经济》2010 年第 11 期。

② 参见夏华强、曹静、吴传清:《区域产业集群品牌的经济属性特征辨识》,《商业时代》2011 年第 5 期。

③ 参见张国亭:《产业集群品牌内涵与类型初探》,《中国科技信息》2008 年第 21 期。

续表

集群品牌	企业品牌
公共物品:非排他性、非竞争性、外部效应大	私有物品:排他性、竞争性
创建比较容易,成功概率较高	创建较难,成功概率很低
政府、中介机构发挥很大作用	政府、中介机构不直接发挥作用

2.3.4 集群品牌经济效应

2.3.4.1 资源集聚效应

熊爱华和汪波(2007)认为区域品牌是产业集群的无形资产,二者相互作用,共同形成强大的磁场效应,吸引更多的资金、技术、信息等生产要素的聚集,进一步促进强大区域经济体的产生。[①] 骆建艳和丁颖(2007)认为集群品牌对产业集群发展的品牌效应主要体现在以下四个方面:一是市场"聚焦"效应,二是产业资本集中效应,三是产品销售过程的价值信息传递效应,四是关联产业带动效应。[②] 张国亭(2008)认为集群品牌对区域经济存在五大促进效应:市场推广效应、资源吸引效应、示范带动效应、中小企业的覆盖效应、区域形象提升效应。[③]

吕丙(2009)认为区域品牌价值提升具有外部聚集效应和内部整合效应,并以浙江省嵊州市领带产业结构的升级为案例进行了

① 参见熊爱华、汪波:《基于产业集群的区域品牌形成研究》,《山东大学学报》(哲学社会科学版)2007 年第 2 期。

② 参见骆建艳、丁颖:《论集群品牌的建设与运作:以嵊州领带为例》,《特区经济》2007 年第 1 期。

③ 参见张国亭:《产业集群品牌内涵、类型与效应探讨》,《中国石油大学学报》(社会科学版)2008 年第 6 期。

分析。外部聚集效应通过获取生产要素集聚优势、外向关联优势和集群协调进化效应三种路径促进产业结构优化；内部整合效应通过促进集群内部分工的优化与组织结构的优化，提高集群集中度，培育、扶植、壮大领导型企业，促进产业结构的优化升级。①

2.3.4.2　竞争力提升效应

夏曾玉和谢健(2003)认为集群品牌可以克服我国现有产业集群中企业规模偏小、单个企业品牌势单力薄的弱点，产生单个企业品牌难以达到的知名度和美誉度。② 尹晶和许惠渊(2006)认为区域品牌是集群升级的一种手段，它提升集群企业的整体营销能力，从而帮助整个集群获取更高的利润，同时也有利于进一步吸引投资，进一步完善网络。而且，区域品牌本身就是一项集体行动，是企业间横向合作行动，因而可以加强集群企业的横向合作关系。从某种意义上来讲，区域品牌是集群升级的“助推器”。③

陈和平(2006)认为：集群品牌可以提升集群内企业整体形象，增强企业竞争优势；集群品牌有助于集群内企业转变经济增长方式；集群品牌增强区域经济的核心竞争力。④ 赵敏和张国亭(2006)以纺织业为例，认为集群品牌是提高集群内企业市场竞争力、扩大产品销路的重要途径。⑤ 邓恢华和杨建梅(2008)以物流产业为例，认为集群品牌可以提升产业集群的整体形象，使物流产

---

① 参见吕丙：《产业集群的区域品牌价值与产业结构升级——以浙江省嵊州市领带产业为例》，《中南财经政法大学学报》2009 年第 4 期。

② 参见夏曾玉、谢健：《区域品牌建设探讨——温州案例研究》，《中国工业经济》2003 年第 10 期。

③ 参见尹晶、许惠渊：《以区域品牌为导向发展地方产业集群——以嵊州领带产业集群为例》，《中国农业大学学报》(社会科学版) 2006 年第 1 期。

④ 参见陈和平：《实施产业集群品牌战略 增强区域经济竞争力》，《科技创业月刊》2006 年第 10 期。

⑤ 参见赵敏、张国亭：《纺织服装业集群品牌的发展与维护探讨》，《山东纺织经济》2006 年第 5 期。

业集群内的企业获得协同效应并形成共同进化机制，提升物流产业竞争力。[①]

2.3.4.3　创新促进效应

江振娜(2008)认为区域品牌为区域创新提供了有利条件，区域品牌有利于知识扩散、企业合作、创新人才的聚集及区域创新能力的提高等，提出了以区域品牌促进区域创新建设的一些政策措施。[②]

2.3.4.4　其他效应

集群品牌可以削弱信息不对称的影响，减少交易成本。周鲲鹏(2008)认为区域品牌从供给、需求和产业优化升级三个方面对中部经济起着重要作用。供给方面的作用表现为两个方面：一是区域品牌作为重要的无形资产可以提高该区域的人均资本存量，进而提升人均产出；二是品牌降低了交易成本。需求方面的作用表现为：品牌可以有效地降低消费者购买过程中的感知风险，降低选择成本，提高选择效率，增加市场需求。产业优化升级方面的作用表现为：相对于制造业，服务业供求双方之间的信息不对称表现得更为明显，品牌可以有效地减弱这种信息不对称，促进服务业的发展，从而优化产业结构。[③]

集群品牌可以影响整个区域。宋先道(2000)认为集群品牌营运对整个区域有三大重要作用：品牌营运是转变经济增长方式的突破口和有力杠杆；品牌营运启动产业结构优化，促进资源的优化

---

① 参见邓恢华、杨建梅：《从集群品牌视角探讨物流产业集群竞争力的提升》，《江苏商论》2008 年第 2 期。

② 参见江振娜：《区域品牌带动海西区区域创新的研究》，《华东经济管理》2008 年第 9 期。

③ 参见周鲲鹏：《中部崛起与区域品牌战略的实施》，《云南社会科学》2010 年第 4 期。

配置;品牌营运有利于优化地方财税结构,提高地方财政效益。[①]邓恢华和杨建梅(2005)指出了集群品牌的四大效应:市场聚焦效应、产业资本筛选集中效应、价值信息传递效应、关联产业带动效应;提出了打造广州集群品牌的建议:发挥政府的公共服务作用,发挥行业协会的作用,将集群品牌战略融入文化、生活中,利用品牌效应整合集群中的企业,大力发挥政府、行业协会等部门的监督和促进机制。[②] 王其中(2009)以浙江慈溪小家电产业群为例,认为集群品牌具有市场推广效应、资产增值效应和优化产业价值链效应。[③]

当然,也有学者持有不同的观点,认为集群品牌的正向作用不能一概而论。牛永革和赵平(2011)从产品技术革新速度角度把产业集群品牌划分为一般性集群品牌和特殊性集群品牌两个类别,通过实证研究认为一般性产业集群品牌对消费者存在负向效应,一般性集群不适合发展集群品牌;特殊性产业集群品牌对消费者存在正向效应,特殊性集群适合发展集群品牌;产业集群品牌的倡导者高估了集体效率,忽视了集体效率发挥效应的基本条件以及集群发展应该遵循的基本规律。[④]

2.3.5　集群品牌建设

2.3.5.1　集群品牌建设的影响因素

夏曾玉和谢健(2003)认为区域品牌建设的影响因素主要有:

① 参见宋先道:《区域品牌营运战略分析》,《科技进步与对策》2000 年第 7 期。

② 参见邓恢华、杨建梅:《从集群品牌视角探讨广州汽车产业集群竞争力的提升》,《南方经济》2005 年第 9 期。

③ 参见王其中:《创建集群品牌:慈溪家电集群品牌突围的路径选择》,《商业经济》2009 年第 20 期。

④ 参见牛永革、赵平:《基于消费者视角的产业集群品牌效应研究》,《管理科学》2011 年第 2 期。

地方政府的指导和扶持、行业协会和商会(行商会)的自我约束和凝聚向心作用、企业集群优势的发挥。[①] 李大垒(2009)以浙江诸暨大唐袜业集群为实证研究对象,研究结果表明,产业集群内是否存在领头企业、领头企业是否充分发挥带动作用,是影响集群整体品牌创建与中小企业个体品牌创建的关键因素。[②] 王其中(2009)以慈溪家电集群为例,认为集群品牌定位应体现家电产业特性和慈溪区域特性,注意集群品牌的注册与使用,加强集群品牌形象宣传和传播,做好集群品牌的维护,提升集群品牌价值。[③]

肖阳和谢远勇(2010)认为区域品牌生成过程实际上就是市场驱动和政府产业政策驱动的交互作用过程。[④] 沈鹏熠(2011)认为资源基础、产业优势、组织管理、创新氛围和营销刺激是影响农产品区域品牌资产的关键因素,对农产品区域品牌资产构成维度有差异化影响,并且,在农产品区域品牌资产维度间也存在着一定程度的因果作用关系。[⑤] 文洁(2011)认为要提升区域品牌的竞争力,必须提高品牌意识,提升合作意识,健全网络信息,加大专利技术研发和引进人才的力度。[⑥]

2.3.5.2 集群品牌建设策略

在集群品牌建设机制方面。史海英和黄文杰(2006)认为在经

---

① 参见夏曾玉、谢健:《区域品牌建设探讨——温州案例研究》,《中国工业经济》2003年第10期。

② 参见李大垒:《产业集群品牌创建的影响因素》,《经济管理》2009年第3期。

③ 参见王其中:《创建集群品牌:慈溪家电集群品牌突围的路径选择》,《商业经济》2009年第20期。

④ 参见肖阳、谢远勇:《产业集群视角下的区域品牌培育模式分析》,《福州大学学报》(哲学社会科学版)2010年第6期。

⑤ 参见沈鹏熠:《农产品区域品牌资产影响因素及其作用机制的实证研究》,《经济经纬》2011年第5期。

⑥ 参见文洁:《扬中电气产业集群品牌竞争力评价与提升策略研究》,《商业经济》2011年第2期。

济全球化的背景下，打造集群品牌是发展我国企业集群的一条必由之路。在论述集群品牌含义、特征的基础上，提出了由集群品牌定位、集群品牌营销、集群品牌保护、集群品牌创新等要素构成的系统构建模式(如图 2-1)。[①]

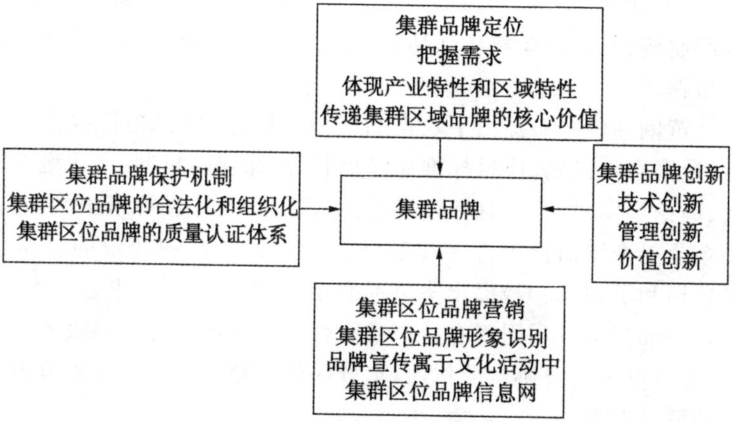

图 2-1　企业集群品牌构建模式

洪秀华(2005)认为构建企业集群品牌战略如下：由龙头企业创品牌、努力创造集群品牌、建立品牌忠诚、培育区域文化、建立人才战略、政府的指导与扶持。[②] 张沛(2007)给出了中小企业集群品牌的塑造的五点建议：强化中小企业集群品牌意识、中小企业集群品牌定位、中小企业集群品牌营销、中小企业集群品牌保护、中小企业集群品牌的系统化构建。[③]

---

① 参见史海英、黄文杰：《企业集群品牌构建模式探讨》，《商业时代》2006 年第 7 期。

② 参见洪秀华：《福建企业集群品牌战略研究》，《福建行政学院福建经济管理干部学院学报》2005 年第 11 期。

③ 参见张沛：《中小企业集群品牌建设问题探讨》，《山东行政学院山东省经济管理干部学院学报》2007 年第 2 期。

李大垒(2007)以浙江诸暨大唐袜业集群为研究对象,选取11个相关变量,运用因子分析法对变量数据进行了分析。结果表明,产业集群内是否存在领头企业、领头企业是否充分发挥带动作用,是影响集群整体品牌创建与中小企业个体品牌创建的关键因素。① 张金霞(2006)以旅游产业集群为例,认为应从旅游环境、旅游产业链、旅游企业和产品品牌、旅游人才等角度塑造旅游产业集群品牌。②

黄俐晔(2008)提出了农产品区域品牌建设机制:行政推动机制、社区自治机制、质量标准保障机制、法律保障机制、文化融合机制、舆论导向机制、教育保障机制。从政府、合作经济组织、农业龙头企业三个层面提出进一步加强农产品区域品牌建设的思路。③ 骆建艳和丁颖(2007)提出集群品牌的建设与运作应注意三点:相关政府部门可以利用国有资产或联合集体企业发挥公共服务的作用;充分发挥行业协会的作用;集群品牌的建设推广需要集群内企业的群策群力。④

王宪云(2009)提出了产业集群品牌提升的四大策略:建立集群内知识共享平台、培育有利于知识创新的区域文化及学习型企业家群体、实施区域制度创新、构建基于知识转移的产业集群。⑤ 吕筱萍等人(2010)在对浙江省众多知名集群品牌的实地调查和案例研究基础上,将浙江集群品牌形成模式归纳为主动培育型和自

---

① 参见李大垒:《农村产业集群品牌创建分析——基于浙江大唐袜业集群的调查》,《农业经济问题》2007年第2期。

② 参见张金霞:《塑造旅游产业集群品牌的思考》,《商业时代》2006年第24期。

③ 参见黄俐晔:《农产品区域品牌研究——基于主体、机制的角度》,《贵州社会科学》2008年第4期。

④ 参见骆建艳、丁颖:《论集群品牌的建设与运作:以嵊州领带为例》,《特区经济》2007年第1期。

⑤ 参见王宪云:《基于知识管理的产业集群品牌提升策略探讨》,《商业时代》2009年第9期。

我发展型两大类，并对每一类模式的主要特征、产生背景及应用环境进行了系统的分析与阐述。①

郑永彪等人(2010)在“中国钧瓷之都”区域品牌建设的博弈分析的基础上，探讨了“中国钧瓷之都”区域品牌构建的激励、约束和龙头企业培育引导三个机制，提出了“中国钧瓷之都”区域品牌建设的路径：成立专门机构，负责区域品牌管理；实施区域品牌准入制度，加强知识产权保护；引导企业创建名牌，众星捧月塑造区域品牌；鼓励研发创新，加快产业和区域品牌升级；加强区域品牌传播，提升区域品牌知名度；实施整合营销策略，政府、协会、企业共同推动区域品牌建设。② 王会龙(2011)从政府、企业、行业协会等层面剖析了集群品牌建设的具体途径。③ 阴芳子(2011)以福建晋江市鞋业产业集群为例，在综合分析该集群营销问题的基础上，提出构建集群品牌的营销对策，一是改善集群形象，二是发挥行业协会的力量，三是企业要通力合作。④ 王红彩(2011)在分析我国产业集群发展状况的基础上，提出了我国产业集群品牌发展的四大战略，即品牌定位、品牌实施、品牌维护、品牌创新。⑤

集群品牌维护策略方面。宋先道(2000)认为集群品牌维护的策略有三个方面，即保护知识产权，维护合法权益，保护名牌产品；

---

① 参见吕筱萍、李莉园、叶晓明：《浙江产业集群品牌培育与发展模式探析》，《江苏商论》2010 年第 1 期。

② 参见郑永彪、罗晗旖、唐大立：《“中国钧瓷之都”区域品牌建设机制与路径研究》，《北京工商大学学报》(社会科学版)2010 年第 4 期。

③ 参见王会龙：《集群营销视角下产业集群品牌建设研究》，《中外企业家》2011 年第 12 期。

④ 参见阴芳子：《构建集群品牌提升整体营销力》，《合作经济与科技》2011 年第 24 期。

⑤ 参见王红彩：《我国产业集群品牌发展战略研究》，《统计与管理》2011 年第 3 期。

创名牌要与技术进步和技术创新相结合;打击假冒伪劣产品。[①] 赵敏和张国亭(2006)认为应运用申请注册集群商标、以质量认证监督体系维护集群品牌声誉、多渠道开展集群品牌营销活动、集体应对贸易摩擦、以集群品牌促进企业名牌发展等措施来做好集群品牌的发展与维护工作。[②]

2.3.5.3　集群品牌发展阶段

杨建梅(2005)认为区域品牌成长分为五个阶段:区域产品、区域认知、区域美誉、区域文化、区域信仰。[③] 李冯平和孙伯良(2007)认为让产业集群诞生一批具有个性化品牌的企业,是产业集群向高级阶段演化的必经之路。[④]

唐玉生(2009)通过对珠三角、苏南、温州三个区域品牌演进过程的比较分析,发现在要素整合的方式、产业集聚方式、企业组织方式与生成模式、市场竞争优势的建立以及品牌形成方式上,三个区域品牌各具特色。同时,这三个区域品牌的建设都经历了区域要素整合、优势产业形成、优势产业集群形成、市场优势形成和区域品牌形成前后相继的五个阶段,建立了区域品牌构建的五阶段模式。[⑤] 金硕(2009)认为产业集群的区域品牌经历了区域产品、区域认知、区域美誉和区域文化四个阶段。[⑥] 胡正明和王亚卓

---

① 参见宋先道:《区域品牌营运战略分析》,《科技进步与对策》2000年第7期。

② 参见赵敏、张国亭:《纺织服装业集群品牌的发展与维护探讨》,《山东纺织经济》2006年第5期。

③ 参见杨建梅、黄喜忠、张胜涛:《区域品牌的生成机理与路径研究》,《科技进步与对策》2005年第12期。

④ 参见李冯平、孙伯良:《从集群品牌与企业品牌的角度提升产业集群竞争力》,《温州职业技术学院学报》2007年第2期。

⑤ 参见唐玉生:《珠三角、苏南、温州区域品牌演进比较研究》,《现代经济探讨》2009年第11期。

⑥ 参见金硕:《我国体育用品产业集群的区域品牌建设研究》,《天津体育学院学报》2009年第1期。

(2010)认为农产品区域品牌形成与成长过程分为四个阶段：品牌的孕育期、品牌的幼稚期、品牌的成长期、品牌的成熟期/衰退期。[①]

2.3.6　集群品牌风险与规避策略

刘芹和陈继祥(2004)用博弈论的方法分析得出：当企业仅仅考虑自己的利益时，所有企业维护集群无形资产的付出总供给不足；集群中的企业愈多，搭便车行为越多；集群听取大企业倾向于多付出；行会在协调集群内的企业主动维护集群品牌方面发挥一定的作用。[②] 蒋扬名(2006)认为集群品牌保护和发展有三大难题：定位之痛，株连之伤，创新之难。战术层面有四个突破口：标准化生产，原产地保护，自律性管理，服务式监督。[③]

袁宇和吴传清(2009)认为产业集群品牌资产和企业品牌资产一样也存在着风险危机，引发产业集群品牌风险的因素有外生因素和内生因素。根据是否有品牌危机事件的发生，可将产业集群品牌风险分为非品牌事件风险和品牌事件风险两类。非品牌事件包括"公地悲剧"风险、"柠檬市场"风险和"羊群效应"风险；品牌事件风险包括"品牌株连"风险、"品牌丢失"风险。[④] 李明武(2009)指出，集群品牌是企业集群发展的生命线，但对于集群内企业来说，它具有公共物品的性质，因而从根本上无法逃避"公地悲剧"的

① 参见胡正明、王亚卓：《农产品区域品牌形成与成长路径研究》，《江西财经大学学报》2010 年第 6 期。

② 参见刘芹、陈继祥：《企业集群品牌风险的博弈分析》，《当代财经》2004 年第 9 期。

③ 参见蒋扬名：《但得群雁展翅飞——关于保护和发展浙江省集群品牌的思考》，《中国品牌与防伪》2006 年第 6 期。

④ 参见袁宇、吴传清：《产业集群品牌"公地悲剧"风险成因和规避方略——以"金华火腿"为例》，《学习月刊》2009 年第 22 期。

厄运。杜绝“公地悲剧”的根本途径是将集群品牌“私有化”，针对集群品牌“人人享受，人人无责”的现象，可先由政府出面以证明商标、集体商标的形式申请注册，然后将集群品牌的所有权转移给集群内的核心企业或其他利益主体，通过产权激励品牌所有者对品牌资产进行有效的管理、投资和开发，同时要构建集群品牌和企业品牌的良性互动机制。此外，地方政府和中介机构应正确定位，在集群品牌建设中发挥应有的作用。①

吴传清(2009)认为产业集群品牌统计监测是产业集群统计监测体系的重要组成部分，可从集群企业品牌、集群整体品牌两大层次设计产业集群品牌统计监测指标。② 邢晓柳(2009)从如何激励集群企业发展和维护集群品牌、如何扶持集群企业发展和维护集群品牌、如何保障集群企业发展和维护集群品牌的投入收益三个方面提出相应的风险规避措施，一是激励集群企业发展和维护集群品牌，二是扶持集群企业发展和维护集群品牌，三是保障集群企业发展和维护集群品牌的投入收益。③

吴传清等人(2010)认为区域产业集群品牌风险包括“公地悲剧”风险、“柠檬市场”风险、“羊群效应”风险、“品牌株连”风险和“品牌丢失”风险。区域产业集群品牌风险的成因与其俱乐部型公共产品属性之间存在着紧密的关联性。④ 吴传清(2010)指出，地方政府组织、行业协会组织是区域产业集群品牌最有效的监管主

① 参见李明武：《企业集群品牌的“公地悲剧”及其治理》，《理论与改革》2009 年第 3 期。

② 参见吴传清：《产业集群品牌统计监测指标设计探讨》，《管理世界》2009 年第 11 期。

③ 参见邢晓柳：《企业集群品牌风险及其规避措施分析》，《技术与创新管理》2009 年第 3 期。

④ 参见吴传清、周勇、刘宏伟：《基于信息经济学的区域产业集群品牌风险规避方略》，《商业时代》2010 年第 12 期。

体。区域产业集群品牌的知识产权可采用地理标志产品保护、地理标志商标保护两种模式。集群品牌使用权、集群产品质量是区域产业集群品牌监管的重点,并以浏阳花炮为例进行了分析。[①] 吴传清(2011)提出可从关系型契约、集群规模、专用性资产和集群内企业集体行动等方面进一步探讨集群品牌风险规避策略;指出集群规模、集群模块化和异质性企业等问题是未来集群品牌风险规避研究领域值得关注的论题。[②] 夏碧莹(2011)以"金华火腿"产业集群品牌危机为案例进行研究,认为地方政府是区域产业集群品牌监管的主导者,行业协会组织是区域产业集群品牌监管的重要参与者。[③]

还有一些学者总结了国外集群品牌建设的先进经验,为我国集群品牌发展提供借鉴。赵平等人(2006)在对国外创建集群品牌案例介绍、比较分析成功和失败案例的基础上,为中国本土产业集群做到可持续发展以及中小企业创立自己的强势品牌提出策略建议;并以新西兰旅游品牌和美国新奇士品牌的创建为例,总结了集群品牌创建的经验和教训,提出了我国产业集群品牌创建的思路。[④]

---

① 参见吴传清:《区域产业集群品牌的产权和监管探讨——以"浏阳花炮"为例》,《武汉大学学报》(哲学社会科学版)2010 年第 6 期。

② 参见吴传清、从佳佳:《区域产业集群品牌风险的成因及防范策略——基于文献述评与拓展研究的视角》,《学习与实践》2011 年第 2 期。

③ 参见夏碧莹:《"金华火腿"产业集群品牌危机案例研究》,《学习月刊》2011 年第 16 期。

④ 参见赵平、陈荣、苏凇:《我国产业集群品牌创建思考》,《市场营销导刊》2006 年第 4 期。

2.4 品牌价值文献综述

2.4.1 品牌价值概念

在国外的理论研究文献中，品牌资产和品牌价值经常被看作是同一个概念。[①] 在国内文献中，品牌价值和品牌资产也作为可以相互替换的概念经常被混用，同一篇论文中同时使用两个概念而不作区分。

关于"品牌资产"的研究比较丰富，学者们的研究角度和方法各不相同。总的来看，品牌资产文献可以分为三大类：精神品牌资产，即品牌对消费者意识的影响；行为品牌资产，即消费者对特定品牌的行为反应(或者哪些能够直接归因于品牌的行为)；财务品牌资产，品牌的财务影响，通常用投资回报率、利润、销售额、市盈率等指标衡量。主流的品牌资产文献研究品牌认知和品牌再现[②]、品牌忠诚、感知质量、感知质量和联想[③]、品牌形象[④]、购买动

---

① Krishnan H. S.,"Characteristics of memory associations: A consumer-based brand equity perspective," *International Journal of Research in Marketing*, Vol. 13, No. 4(1996), pp. 389-405. Rust R. T., Zeithaml V. A., Lemon K. N.,"Customer-centered brand management," *Harvard Business Review*, Vol. 82, No. 9(2004), pp. 110-120. Simon C. J., Sullivan M. W.,"The measurement and determinants of brand equity: a financial approach," *Marketing Science*, Vol. 12, No. 1(1993), pp. 28-52.

② Keller K. L., *Strategic Brand Management: Building, Measuring, and Managing Brand Equity*, Prentice Hall Upper Saddle River, 2003.

③ Aaker D. A., Joachimsthaler E., *Brand Leadership*, Free Pr, 2000.

④ Biel A. L.,"How brand image drives brand equity," *Journal of Advertising Research*, Vol. 32, No. 6(1992), pp. 6-12. Ross-Wooldridge B., Brown M. P., Minsky B. D.,"The role of company image as brand equity," *Corporate Communications: An International Journal*, Vol. 9, No. 2(2004), pp. 159-167.

机/承诺[①]等衡量指标。

Aaker(1991)认为品牌资产是与一个品牌及其名称和符号相联系、增加或减少产品和服务带给企业和消费者价值的一组品牌资产或负债。[②] Barwise(1993)认为品牌资产是对顾客忠诚的一种衡量[③],是顾客视角的品牌价值对公司的长期财务绩效。Brodie等人(2002)认为品牌资产研究有三个角度:顾客视角、财务视角和关系视角。[④] Clifton 和 Ahmad(2009)认为品牌资产是一个品牌将会满足某种利益期望的感知和愿望。[⑤] 消费者的感知各不相同,因此,品牌资产是一个个人层面的概念,这就意味着品牌资产的拥有者不是品牌或品牌拥有企业。[⑥] Raggio 和 Leone(2007)认为品牌资产是营销活动影响消费者行为的调节变量(见图 2-2)。[⑦]

---

① Ambler T., Puntoni S., *Measuring Marketing Performance*, Thomson Learning, 2003.

② Aaker D. A., *Managing Brand Equity: Capitalizing on the Value of a Brand Name*, Simon & Schuster, 1991.

③ Barwise P., "Brand equity: snark or boojum," *International Journal of Research in Marketing*, Vol. 10, No. 1(1993), pp. 93-104.

④ Brodie R. J., Glynn M. S., Vandurme J., "Towards a theory of marketplace equity: Integrating branding and relationship thinking with financial thinking," *Marketing Theory*, Vol. 2, No. 1(2002), pp. 5-28.

⑤ Raggio R. D., Leone R. P., "The theoretical separation of brand equity and brand value: Managerial implications for strategic planning," *Journal of Brand Management*, Vol. 14, No. 5(2007), pp. 380-395.

⑥ Clifton R., Ahmad S., *Brands and Branding*, Bloomberg Press, 2009.

⑦ Raggio R. D., Leone R. P., "The theoretical separation of brand equity and brand value: Managerial implications for strategic planning," *Journal of Brand Management*, Vol. 14, No. 5(2007), pp. 380-395.

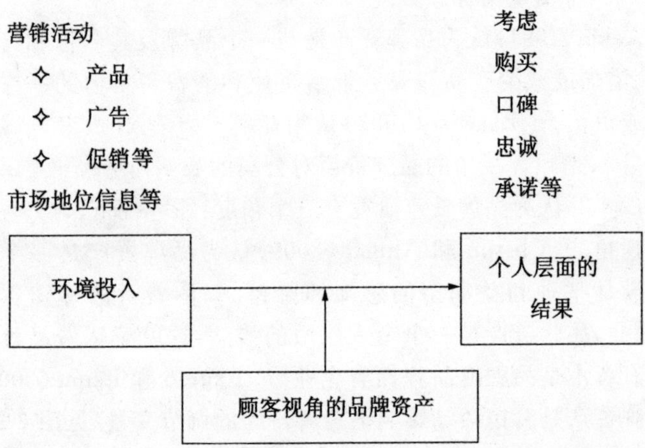

图 2-2　作为调节变量的品牌资产

"品牌价值"方面的文献相对较少。Jones(2005)认为品牌价值研究价值的创造,品牌资产研究价值的衡量。[①] Chandon(2003)认为品牌价值有两种计算方法:一种是成本法,即品牌价值是重建某个品牌所需要的费用(包括研发费用、市场测试费用和广告费用等);另一种是市场法,即品牌价值是品牌未来收益现金流的现值。[②] Raggio 和 Leone(2007)认为品牌价值是购买品牌或重置品

① Jones R.,"Finding sources of brand value: Developing a stakeholder model of brand equity," *Journal of Brand Management*, Vol. 13, No. 1(2005), pp. 10-32.

② Chandon P., *Note on Measuring Brand Awareness, Brand Image, Brand Equity and Brand Value*, Insead, 2003.

牌的价格。[①] Barnes 和 Mattsson(2008)[②]研究了虚拟世界中的品牌价值，并借用 Hartman(1967)[③]的价值概念框架，将品牌价值分为三个方面，即情感价值、功能价值和逻辑价值。Johansson 等(2012)以 2008 年金融危机为背景，用世界知名品牌的相关数据比较了顾客视角和财务视角两种品牌价值计算方法。[④] Han 和 Sung(2008)以顾客和工业营销理论文献为基础，构建了 B2B 市场中工业品牌价值与关系绩效的一般模型。[⑤] Wang 和 Tzeng(2012)基于营销和研发投入会提升产品和品牌价值的前提，运用多属性决策问题模型(MCDM model)、决策实验室分析(DEMATEL)、网络分析(ANP)和模糊多准则(VIKOR)等方法研究了品牌营销策略(产品策略、价格策略、渠道策略、沟通策略)与品牌价值提升的关系，结果表明价格策略是最重要的因素。[⑥]

汪逊(2006)从经济学的不同视角出发，对品牌的价值作出不

---

① Raggio R. D. , Leone R. P. ,"The theoretical separation of brand equity and brand value: Managerial implications for strategic planning," *Journal of Brand Management*, Vol. 14, No. 5(2007), pp. 380-395.

② Barnes S. , Mattsson J. ,"Brand value in virtual worlds: an axiological approach ," *Journal of Electronic Commerce Research* (Online Edition), Vol. 9, No. 3 (2008), pp. 195-206。

③ Hartman R. S. , *The Structure of Value: Foundations of a Scientific Axiology*, Carbondale Illinois: Southern Illinois Press, 1967.

④ Johansson J. K. , Dimofte C. V. , Mazvancheryl S. K. ,"The Performance of Global Brands in the 2008 Financial Crisis: A Test of Two Brand Value Measures (December 15, 2011)," *Georgetown McDonough School of Business Research Paper*, No. 2012-06.

⑤ Han S. L. , Sung H. S. ,"Industrial brand value and relationship performance in business markets — A general structural equation model," *Industrial Marketing Management*, Vol. 37, No. 7(2008), pp. 807-818.

⑥ Wang Y. L. , Tzeng G. H. ,"Brand marketing for creating brand value based on a MCDM model combining DEMATEL with ANP and VIKOR methods," *Expert Systems with Applications*, Vol. 39, No. 5(2012), pp. 5600-5615.

同的解释:从新古典经济学角度解释为增加经济利润;从新制度经济学角度解释为降低交易成本;从信息经济学角度解释为一种显示产品质量的信号机制。① 刘元兵(2010)认为品牌的两大价值是与消费的物质属性相关的信号价值和与商品消费相关的表征价值。②

随着品牌资产和品牌价值理论的发展,这两个概念的区别逐步得到了厘清。Chandon(2003)对品牌意识、品牌形象、品牌资产和品牌价值等概念进行了较为详细的辨析。③ 他认为,顾客对品牌营销的反应受到品牌意识和品牌联想的影响,这种影响就是品牌资产。品牌价值就是品牌的财务价值。品牌资产可以视为因品牌而产生的一种增值,品牌价值则是从财务会计角度对这一增值的一种衡量,两者可以视为品牌价值实现的不同阶段,品牌资产是一种无形资产,品牌价值则是以货币为尺度的市场价格。④

本研究借鉴 Raggio 和 Leone(2007)的定义,认为品牌价值是购买品牌或重置品牌的价格。

2.4.2 品牌价值来源

品牌价值来源经历了从品牌资产理论到顾客价值理论,再到利益相关者价值理论的演化过程。其中,资产价值理论强调品牌作为企业无形资产所带来的收益价值;顾客价值理论强调品牌为顾客带来的功能价值和情感价值;利益相关者价值理论则强调品

① 参见汪逊:《不同经济学视角中的品牌价值》,《江苏商论》2006 年第 5 期。

② 参见刘元兵:《品牌价值二维框架解构与形成探析》,《财会通讯》2010 第 12 期。

③ Chandon P., *Note on Measuring Brand Awareness, Brand Image, Brand Equity and Brand Value*, Insead, 2003.

④ 参见张晶:《基于品牌价值分析的煤炭企业品牌竞争力提升策略》,《中国煤炭》2010 年第 10 期。

牌是实现利益相关者价值的一种承诺。[①]

第一种观点将品牌看作企业的一种资产，因为是资产，所以能创造价值。Delvecchio 等(2003)认为品牌通过两种方式为其所有者创造价值：一种是直接方式，即增加销售额和盈利能力；一种是间接方式，即降低其他方面的成本(例如人力资源成本)。[②] 余明阳和刘春章(2009)认为品牌是一致性的承诺，它为个人与特定产品、服务或公司之间的关系提供了基础，这种承诺的履行创造价值，驱动消费者购买更多的产品、促使金融界举荐更多的投资，并且帮助公司吸引留住最有才干的员工。[③]

第二种观点是从顾客出发的，认为价值来源于顾客，来源于市场。薛伟业(2005)认为品牌个性价值来源于两方面，即品牌在市场上的表现、品牌的使用者(品牌代言人和品牌创始人)。[④] 吴新宇(2005)以期刊品牌为例，认为品牌价值来自三个方面：刊物的创造性、读者的认同度和刊物发展的可持续性。[⑤] 冯鹏义(2005)认为品牌价值来源于品牌营销，并构建了品牌价值形成模型(见图 2-3)。[⑥]

---

① 张燚、张锐、刘进平：《品牌价值来源及其理论评析》，《预测》2010 年第 5 期。

② Delvecchil D., Jarvis C. B., Klink R. R., "Brand equity in resource market exchanges: Leveraging the value of brands beyond product markets," University of Kentucky Working Paper, 2003.

③ 参见余明阳、刘春章：《基于索洛模型的品牌声誉形成机制研究》，《工业工程与管理》2009 年第 4 期。

④ 参见薛伟业：《试论品牌价值及其提升》，《商场现代化》2005 年第 28 期。

⑤ 参见吴新宇：《浅论期刊品牌价值确立的三种表现》，《中国出版》2005 年第 12 期。

⑥ 参见冯鹏义：《试论有序的品牌传播对品牌价值形成的影响》，《经济问题》2005 年第 11 期。

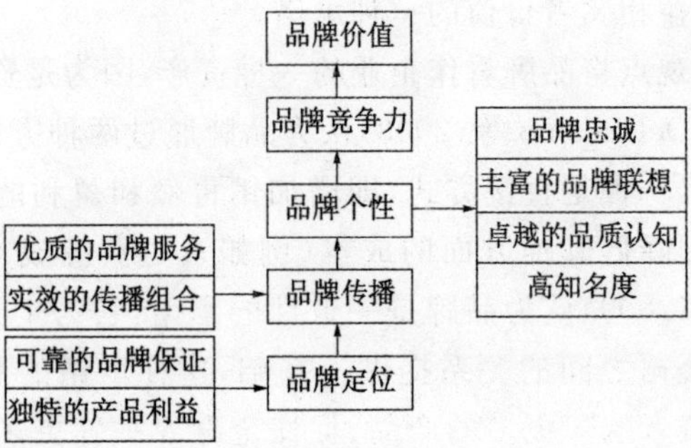

图 2-3　品牌价值的形成过程

第三种观点是品牌价值来自于利益相关者的共同作用。张伟峰和万威武(2004)以美的电器为研究对象,发现 MBO 后的企业品牌价值和自主创新能力得到了提升,明显高于其他同行业上市公司。认为企业品牌价值背后是企业的产权问题,明晰企业家在品牌形成过程中的人力资本产权,有利于保证品牌价值得到发展,有利于实现企业自主创新,增加企业的品牌价值。① 张世新和李彦(2009)通过对国内外知名品牌价值之比较，提出一种网络优势评估分析方法。在此基础上,探讨了世界著名公司之所以品牌知名度高,其本质特征在于公司在网络中占据核心地位,并提出了对我国企业利用网络发展品牌的有关设想。②

2.4.3　品牌价值提升策略

薛伟业(2005)给出了品牌价值提升的六个策略:以“买”代“创”策略、“强强”联姻策略、品牌延伸策略、借“鸡”生蛋策略、渠道

① 参见李曜:《品牌价值、广告费支出与 MBO 后公司的长远利益——美的电器的案例研究》,《经济管理》2006 年第 17 期。

② 参见张伟峰、万威武:《国内外知名品牌价值之比较:一种网络优势评估分析》,《商讯商业经济文荟》2004 年第 2 期。

渗透策略、以“质”取胜策略。[①] 陈树生(2005)提出了高等教育品牌价值提升的五个措施，即培育校园文化，强化品牌意识，树立品牌形象，创新服务观念，注重品牌营销。[②] 张平亮(2005)从战略的高度，描述了品牌价值创建的体系(见图 2-4)。

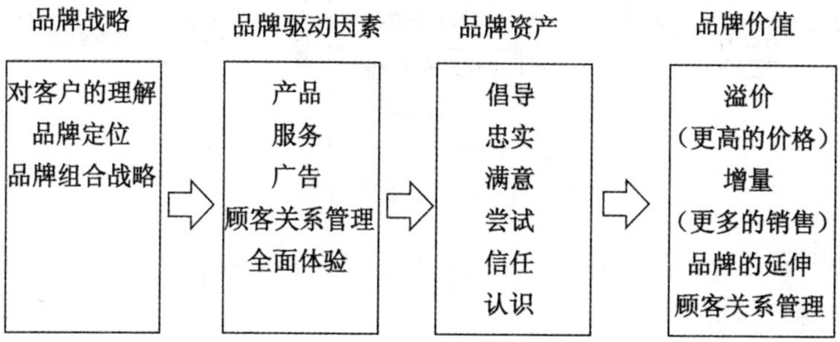

图 2-4　品牌价值创建体系

张滨滨和刘瑞文(2006)提出了用体验提升品牌价值的途径：强化消费者对品牌的情感体验，加强企业与消费者的互动，强化体验的品牌形象。[③] 傅毓维和郑佳(2007)通过对品牌价值的经济学分析，指出品牌价值对企业发展的重要意义，从企业内部和企业外部两方面构建品牌的支撑系统(见图 2-5)，基于支撑系统构建了品牌价值评估的综合指标体系，对于品牌价值评估及企业品牌战略调整具有重要的意义。[④]

陶用之(2009)研究了基于品牌价值链的品牌价值提升策略：产品创新，营销传播活动的创新，服务创新，文化创新，企业社会责

---

① 参见薛伟业:《试论品牌价值及其提升》,《商场现代化》2005 年第 28 期。

② 参见陈树生:《论高等教育品牌价值提升策略》,《黑龙江高教研究》2005 年第 1 期。

③ 参见张滨滨、刘瑞文:《用体验提升品牌价值》,《江苏商论》2006 年第 3 期。

④ 参见傅毓维、郑佳:《基于支撑系统的品牌价值评估体系研究》,《科技进步与对策》2007 年第 1 期。

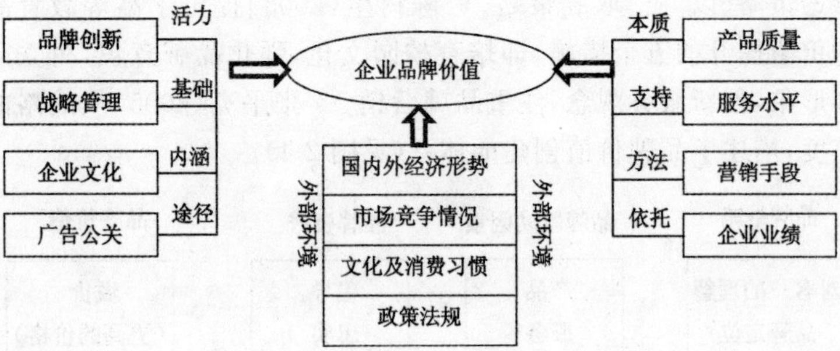

图 2-5　企业品牌支撑系统

任的承担。[①] 袁仁国(2010)以贵州茅台为例分析文化对品牌价值的提升作用。[②]

2.4.4　品牌价值管理

李曜(2006)针对我国现状,指出进行品牌价值管理着重要从以下几个方面努力:加强内部管理(重视人的素质、企业要有诚信、利益分享合理);充分利用品牌传播资源(整合有效的可控资源、控制有效的识别途径、控制终端及渠道资源、整合与控制创新资源);维护品牌核心价值;运用品牌延伸策略;积极投资品牌资产;注重品牌创新。[③] 鲍步云和刘朝臣(2006)以企业品牌价值这一综合指标来设计企业家长期激励约束机制,符合委托代理理论和企业家工作性质,具有科学性和可行性。任期企业品牌价值净值法、任期企业品牌价值贡献率法和任期企业品牌价值贡献率行业比较法,

---

① 参见张世新、李彦:《价值链视角下的品牌价值提升》,《生产力研究》2009 年第 18 期。

② 参见袁仁国:《重视文化要素 提升品牌价值》,《山花》2010 年第 21 期。

③ 参见张侠、王智杰、刘军:《我国应重视品牌价值管理》,《商场现代化》2006 年第 28 期。

是可供选择的不同激励约束方案。[①] 王蕾和周梅华(2006)基于产业集群的宏观角度，建立起产业集群品牌钻石模型——集群品牌之钻由若干支柱行业或产业品牌侧面组成，每一个行业或产业侧面由众多企业品牌组成。在发展中国家，受经济发展水平和经营管理水平所限，从无到有培育世界级品牌十分困难，唯有以行业或产业为聚集面将众多单个企业品牌点聚合在一起，方可聚射出炫目的行业或产业之光。[②] 戴发山和黄世秀(2008)认为中国经济已经进入品牌力时代，中小企业集群未来发展必须打造有影响力的品牌，提升竞争力，才能实现集群永续发展。我国中小企业集群在发展过程中由于先天和后天的原因制约了品牌的构建，只有转变观念，培育支撑集群品牌形成的集群文化，中小企业、行业协会和政府齐头并进，才能构建中小企业集群品牌。[③]

刘嘉俊和饶素华(2009)将市场营销理念引入高等教育实验中，探讨高校服务品牌的理论，研究高校服务品牌价值提升的策略。[④] 李兴江和张玉洁(2012)认为品牌与区域经济增长之间存在着显著的相关关系，且对东中西部地区经济增长的影响有显著差异，各地区品牌发展的不同是导致中国区域经济发展不均衡的重要因素之一。因此，各地区应重视品牌价值建设，实施品牌发展战略，以品牌发展带动区域经济协调、快速发展。[⑤]

---

① 参见鲍步云、刘朝臣:《企业品牌价值与企业家长期激励约束机制设计》,《经济管理》2006 年第 13 期。

② 参见王蕾、周梅华:《产业集群的品牌体系构建》,《江苏商论》2006 年第 12 期。

③ 参见戴发山、黄世秀:《中小企业集群品牌构建策略研究》,《江苏商论》2008 年第 7 期。

④ 参见刘嘉俊、饶素华:《高校服务品牌价值提升策略研究》,《企业经济》2009 年第 11 期。

⑤ 参见李兴江、张玉洁:《品牌价值建设与区域经济增长差异的实证研究》,《审计与经济研究》2012 年第 1 期。

第3章　服务集群品牌价值影响因素的扎根理论分析

3.1　服务集群品牌价值影响因素扎根理论分析的文献基础

3.1.1　企业视角的品牌价值影响因素

Biel(1992)提供了有关品牌形象的特性以及与品牌价值的关系,他认为品牌价值是由品牌形象所促成的。[①] Swait 等(1993)指出在给定市场结构的条件下,长期的广告和产品策略以及与顾客偏好的互动形成了品牌形象,而品牌形象进一步影响了品牌价值。[②] Berthon(1999)预言了品牌作用和品牌管理方式的变化,定义了品牌对于顾客的价值,即顾客感知价值。[③] Yoo 和 Donthu

---

① Biel A. L.,"How brand image drives brand equity,"*Journal of Advertising Research*,Vol. 32,No. 6(1992),pp. 6-12.

② Swait J., Erdem T., Louviere J., et al,"The equalization price: A measure of consumer-perceived brand equity,"*International Journal of Research in Marketing*, Vol. 10,No. 1(1993),pp. 23-45.

③ Berthon P., Hulbert J. M., Pitt L. F.,"Brand management prognostications,"*Sloan Management Review*,Vol. 40,No. 2(1999),pp. 53-65.

(2001)等研究将品牌分为品牌对顾客的价值和品牌对企业的价值。①

Jones(2005)指出传统的仅从顾客角度寻找品牌价值源泉的理论是片面的,Jones 以利益相关者理论为基础,认为品牌价值是由各战略利益相关方共同创造的(见图 3-1)。②

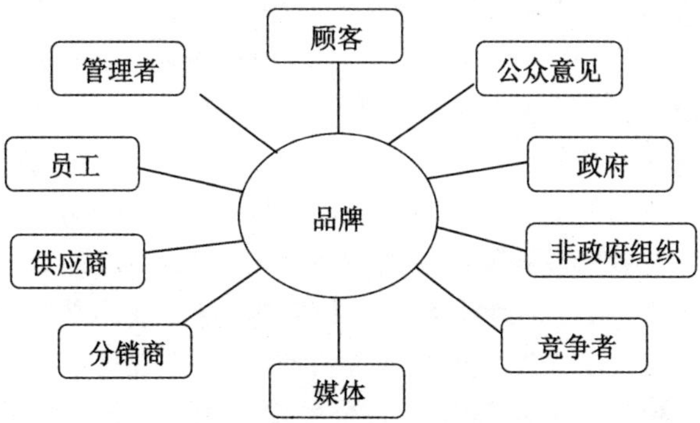

图 3-1　品牌资产的菊花轮状模型

Chu 和 Tat Keh(2006)的研究表明,广告、促销和研发支出对品牌价值的正向影响是非线性的,三者中,研发费用对品牌价值的提升效果最弱。③ Miller(2007)认为品牌与自我概念的契合程度

① Yoo B. ,Donthu N. ,"Developing and validating a multidimensional consumer-based brand equity scale," *Journal of Business Research*, Vol. 52, No. 1 (2001), pp. 1-14.

② Jones R. ,"Finding sources of brand value: Developing a stakeholder model of brand equity,"*Journal of Brand Management*, Vol. 13, No. 1(2005), pp. 10-32.

③ Chu S. , Keh H. T. ,"Brand value creation: Analysis of the Interbrand-Business Week brand value rankings,"*Marketing Letters*, Vol. 17, No. 4 (2006), pp. 323-331.

通过品牌意义和品牌态度直接影响整体品牌价值。[①] Raggio 和 Leone(2007)给出的影响企业品牌价值的因素更加宽泛,他们认为与价格、品牌内涵、市场细分、定位等有关的管理决策,专利,渠道关系,卓越的管理,创新型人才等,都影响品牌价值。[②] Kapfere(2008)提到了品牌之所以有价值,是因为它对消费者有价值,才对公司有价值。因此,品牌对顾客的价值是基于顾客品牌价值的核心构成之一。[③] Peterson 和 Jeong(2010)的研究表明,较多的广告支出和研发支出会增加品牌价值,同时,品牌价值的增加也会正向影响企业财务绩效。[④]

卫海英和熊志刚(2007)指出企业与消费者的良好互动能有效地提高消费者的品牌取向和增加消费者的品牌价值认同,并凝练品牌的核心价值。[⑤] 傅毓维和郑佳(2007)从企业内部和企业外部两个角度分析了支撑企业品牌价值的因素,企业内部因素有品牌创新、战略管理、企业文化、广告公关、产品质量、服务水平、营销手段、企业业绩,企业外部环境因素有国内外经济形势、市场竞争情况、文化及消费习惯、政策法规。[⑥] 刘春章(2009)指出人们愿意付

---

① Miller K. W.,"Investigating the Idiosyncratic Nature of Brand Value," *Australasian Marketing Journal*, Vol. 15, No. 2(2007), pp. 81-96.

② Raggio R. D., Leone R. P.,"The theoretical separation of brand equity and brand value: Managerial implications for strategic planning,"*Journal of Brand Management*, Vol. 14, No. 5(2007), pp. 380-395.

③ Kapferer J. N., *The New Strategic Brand Management: Creating and Sustaining Brand Equity Long Term*, Kogan Page Ltd, 2008.

④ Peterson R. A., Jeong J.,"Exploring the impact of advertising and R&D expenditures on corporate brand value and firm-level financial performance," *Journal of the Academy of Marketing Science*, Vol. 38, No. 6(2010), pp. 677-690.

⑤ 参见卫海英、熊志刚:《企业与消费者品牌互动认知差异探析》,《商业经济与管理》2007 年第 5 期。

⑥ 参见傅毓维、郑佳:《基于支撑系统的品牌价值评估体系研究》,《科技进步与对策》2007 年第 1 期。

出一定代价取得某品牌的商品，因为品牌形象增加了商品之于人们的效用（价值），从而改变了品牌商品的价值和价格。[①] 雷培莉（2011）以中国知名的体育用品品牌“李宁”为例，借鉴日本经济产业省 2002 年提出的 HIROSE 模型，从企业五种能力（企业资源能力、产品高溢价能力、品牌包容力和扩张力、品牌富有感染力、品牌高度差异化）方面对影响李宁品牌核心价值提升的因素进行了实证研究，给出了李宁品牌价值提升的五点建议。[②]

以上学者的研究主要是从企业品牌价值角度出发探讨品牌价值提升问题，本研究的出发点是服务集群品牌，二者在研究对象上有明显的不同，但是他们所提出的影响品牌价值提升的因素仍然可以作为本研究的借鉴。

3.1.2　集群视角的品牌价值影响因素

喻卫斌（2004）认为区域品牌（集群品牌）形成的原因在于产业集群中同类企业集聚，进而开展竞争、合作、学习和创新带来的三大优势，即成本优势、产品优势和渠道优势。[③] 成本优势来自于规模经济、范围经济，产品优势来自于企业间的竞争，渠道优势来自于集群上下游企业之间动态、稳定的联系。马骁和肖阳（2008）认为区域产业品牌的生成条件包括市场优势、企业优势和支持性产业优势。[④] 生产优势包括产品优势、成本领先优势、销售网络和产

---

① 参见刘春章：《品牌声誉形成机制及其在品牌风险管理中的应用》，上海交通大学博士学位论文，2009 年。

② 参见雷培莉、杨杏等：《李宁品牌价值提升分析》，《山西财经大学学报》2011 年第 S3 期。

③ 参见喻卫斌：《试论基于产业集群的区位品牌》，《商讯商业经济文荟》2005 年第 6 期。

④ 参见马骁、肖阳：《基于产业集群类型的区域产业品牌发展研究》，《价值工程》2008 年第 3 期。

业创新能力;企业优势包括区域内强势企业品牌的市场影响力和核心企业集聚程度;支持性产业优势指的是上下游产业发展配套。孙丽辉(2007)以温州为例进行了个案分析,结果表明影响温州产业集群品牌形成的主要因素有以下几个方面,即产业集群所具有的产业竞争优势,集群内良好的区域环境,集群内龙头或骨干企业名牌战略的实施和名牌群体的成长,集群所在地政府创建区域品牌的主观偏好、政策导向、创新精神与学习能力,以及区域品牌管理的质量与效率。①

3.1.3 价值源泉视角的品牌价值影响因素

有一部分学者受马克思价值理论的启发,从价值产生的源泉的角度去探讨品牌价值提升问题。经济学理论和商品两因素理论认为,品牌价值既与生产者的特殊劳动投入的数量和质量有关,更与市场认可程度有关,在既定市场条件下,品牌价值取决于生产者的特殊劳动投入与市场认可的契合度,是二者相互作用的结果。仓平等(2008)论证了品牌权益来源于简单价值、扩展价值和复合价值。②

3.2 服务集群品牌价值影响因素扎根理论分析方法和研究对象

3.2.1 服务集群品牌价值影响因素扎根理论分析方法

从目前的理论研究现状看,聚焦于“服务集群品牌价值”问题

① 参见孙丽辉:《基于中小企业集群的区域品牌形成机制研究——以温州为例》,《市场营销导刊》2007年第3期。

② 参见仓平、胡小红、于君英:《品牌权益形成机理的经济学解释》,《江淮论坛》2008年第2期。

的文献较少，其概念和系统理论框架都相对缺乏，有关"服务集群品牌价值影响因素"的研究更加缺乏，尤其是以中国服务产业集群发展为背景，着力解决中国服务业集群品牌价值提升问题的研究。通过咨询相关领域的研究者，在有关专家的指导下，选择扎根理论开展"服务集群品牌价值影响因素"的研究。

扎根理论(grounded theory)是由美国社会学家格拉泽(Barney G. Glaser)和斯特劳斯(Anselm L. Strauss)于 1967 年在《扎根理论的发现》(*The Discovery of Grounded Theory*)一书中提出，随后得到理论界的关注、运用和发展，在社会学、教育学、心理学、护理学、管理学等科学研究领域得到了广泛运用。扎根理论方法的形成与美国符号互动理论、实用主义思想、科学的逻辑、工作社会学的影响有很大的关系。在扎根理论的应用和发展过程中，逐渐形成了三个相互联系但又有区别的流派，即格拉泽和斯特劳斯的原始版本(Glaser&Strauss，1967)，也就是经典扎根理论，斯特劳斯和科宾的程序化扎根理论(Strauss&Corbin，1990)，以及查美斯的构建扎根理论(Charmaz，2000)。

迄今为止，斯特劳斯和科宾提出的程序化扎根理论是扎根理论三大流派中使用最为广泛的一支，尤其是在中国。这在相当程度上得益于其出版商巨流图书公司优秀的发行传播能力以及台北大学社会学系徐宗国教授对该书出色的翻译工作[①]，而经典扎根理论诸多著作至今尚无任何中文译本。本研究采用斯特劳斯和科宾的程序化扎根理论开展研究，将编码过程分为开放式编码、主轴编码和选择性编码三步。

---

① 参见 A. Strauss，J. Corbin:《质性研究概论》，徐宗国译，巨流图书公司 1997 年版。

3.2.2 服务集群品牌价值影响因素扎根理论研究对象

3.2.2.1 研究对象的筛选标准

由于本研究的主题较为集中、专业，研究内容较为深入，要达到扎根理论分析的目的，扎根理论研究对象（受访者）必须具备一定的条件。首先是受教育程度的要求。本研究所选择的受访者学历都在本科或本科以上，具有较强的理解能力和较好的逻辑思维能力。其次是专业方面的要求。为了让受访者理解本研究的基本架构和目标，能够较快地认识和理清本研究需要解决的问题，我们选择的受访者有两部分：一部分是专业研究者，他们对服务业集群、品牌及品牌价值相关理论有一定的了解；另一部分是有实际工作经验的、与品牌培育问题有所接触的企业工作人员。最后是年龄方面的要求。我们选择的受访者年龄都在40岁以下，能够较快地接受新事物和新信息。

3.2.2.2 研究对象的基本资料

根据扎根理论研究的基本要求，结合本研究受访者的选择标准，本研究选择了12位女士、18位先生，共30人作为扎根访谈对象，30位受访者的基本资料如表3-1所示。

表3-1　受访者基本资料

受访者序号	受访者	性别	年龄	专业	学位	职业	访谈方式
01	郭先生	男	35	市场营销	学士	公司经理	个人深度访谈
02	李女士	女	33	企业管理	硕士	公司职员	个人深度访谈
03	晋女士	女	29	企业管理	硕士	公司经理	个人深度访谈
04	刘女士	女	30	企业管理	硕士	项目经理	个人深度访谈
05	李女士	女	30	企业管理	硕士	公司职员	个人深度访谈

续表

受访者序号	受访者	性别	年龄	专业	学位	职业	访谈方式
06	程先生	男	36	计算机科学与技术	硕士	私营企业主	个人深度访谈
07	王先生	男	38	企业管理	硕士	公司经理	个人深度访谈
08	曹先生	男	34	企业管理	硕士	公司职员	个人深度访谈
09	魏先生	男	32	计算机科学与技术	硕士	私营企业主	个人深度访谈
10	石先生	男	33	市场营销	学士	公司经理	个人深度访谈
11	施先生	男	34	国际贸易	硕士	私营企业主	个人深度访谈
12	陈女士	女	35	会计学	学士	公司职员	个人深度访谈
13	杨先生	男	32	企业管理	硕士	公司经理	个人深度访谈
14	李先生	男	28	企业管理	硕士	在读博士生	个人深度访谈
15	房先生	男	34	企业管理	硕士	在读博士生	个人深度访谈
16	宋先生	男	27	企业管理	硕士	在读博士生	焦点小组访谈
17	崔先生	男	26	企业管理	硕士	在读博士生	焦点小组访谈
18	尹先生	男	23	市场营销	学士	在读硕士生	焦点小组访谈
19	王女士	女	24	市场营销	学士	在读硕士生	焦点小组访谈
20	董女士	女	24	市场营销	学士	在读硕士生	焦点小组访谈
21	王先生	男	25	市场营销	学士	在读硕士生	焦点小组访谈
22	白女士	女	25	市场营销	学士	在读硕士生	焦点小组访谈
23	姬先生	男	32	企业管理	博士	高校教师	焦点小组访谈
24	潘先生	男	36	企业管理	博士	高校教师	焦点小组访谈

续表

受访者序号	受访者	性别	年龄	专业	学位	职业	访谈方式
25	朱女士	女	34	企业管理	博士	高校教师	焦点小组访谈
26	张先生	男	32	企业管理	博士	高校教师	焦点小组访谈
27	于先生	男	31	企业管理	博士	高校教师	焦点小组访谈
28	李女士	女	37	企业管理	博士	高校教师	焦点小组访谈
29	赵女士	女	36	企业管理	博士	高校教师	焦点小组访谈
30	贾女士	女	38	企业管理	博士	高校教师	焦点小组访谈

在访谈环节，本研究主要采取了两种方式，即深度访谈（depth interview）和焦点小组访谈（focus group interview）。深度访谈是一种直接的、无结构的、一对一的访谈方式。一对一深度访谈常被用于探测性调查，访谈过程中，调查员可以对受访者进行深入的访问，可以细致观察受访者的外在表情和内在心理，可以掌握访问的节奏和氛围，从而较为准确地了解受访者对于服务集群品牌价值影响因素的看法和观点，揭示服务集群品牌价值各影响因素之间的关系。本研究的一对一深度访谈进行了15人次，每次访谈时间约1小时。焦点小组访谈又被称为"小组座谈法"，指的是采取小型会议的方式，由一个主持人与一组具有代表性的受访者进行一种无结构、自然的交谈，用以获得对某个专门问题的深入了解。在主持人的引导和调控下，焦点小组的受访者之间自由讨论、相互启发和激励，进行发散思考，力争尽可能发现服务集群品牌价值的影响因素，揭示服务集群品牌价值提升的内在机理。本研究焦点小组访谈共进行了3次（平均每个焦点小组5人），每次时间约为2

小时。

访谈结束后，对访谈记录资料进行了系统整理，形成备忘录，最后得到约 10 万字的访谈记录。本研究随机选择了 2/3 的访谈记录（12 份，包括 10 份个人深度访谈和 2 份焦点小组访谈）进行编码分析和模型建构，另外 1/3 的访谈记录（6 份，包括 5 份个人深度访谈和 1 份焦点小组访谈）则留作进行理论饱和度检验。

3.3　服务集群品牌价值影响因素扎根理论分析过程

3.3.1　开放式编码

登录实际上是在资料中逐渐提炼概念的过程。开放式编码是对笔记、备忘录和访谈稿等原始资料给予概念化标签的过程，简而言之，是资料的概念化。经过资料概念化的过程，本研究共得到 640 余条原始语句及相应的初始概念。由于初始概念数量过于庞大，类别不明，且存在较大程度的交叉，需要将初步形成的概念进行必要的提炼、处理、聚拢，形成“范畴”。表 3-2 为得到的初始概念和若干范畴。为了节省篇幅，对每个范畴在书中仅仅节选3～4 条原始资料语句及 1～3 个相应的初始概念。

通过对原始资料的开放式编码分析，本研究最终抽象出 29 个概念和 10 个范畴，具体见表 3-2。这 10 个范畴分别是：政府行为、行业协会、高校、金融机构、顾客特征、企业品牌价值、企业品牌管理、企业间信任、集群品牌认知相似度、成员间交互作用。

表 3-2　　开放式编码的概念和范畴

范畴	部分有代表性的原始语句	概念
政府行为	01:政府是老大,给点政策倾斜什么的,一个集群很快就做大了。 08:政府应该也意识到了做品牌的重要性,也采取了一些扶持集群品牌的措施,比如税收、用地优惠等政策。 13:我们周边有不少服务集群都是政府主导的,比如软件园之类的,政府一规划,然后扶持、宣传,集群品牌就起来了。 27:现在除了政策扶持,各级政府都非常积极地创名牌了,中央电视台上都是各地的广告,有很多是宣传本地优势集群的;政府也主动组织一些推介服务集群品牌的活动,比如“××节”之类的。	政策、规划、品牌规范管理、品牌推广
行业协会	01:打击假冒伪劣,维护区域品牌形象之类的事,还得靠行业协会,个别企业做不来,成本太高了。 04:全国各地经常举办某个行业的交易会或者展销会之类,宣传作用挺好的,我们也想参加,但是就自己一家去成本太高,组团比较省钱,类似的事,行业协会也可以组织。 13:有些地方的行业协会还牵头制定了行业标准,使产品和服务更加规范,这个也有利于做品牌。	品牌维护、宣传推介、中介服务

续表

范畴	部分有代表性的原始语句	概念
高校	03:我们每年都联合一些高校,搞一些在职培训,员工都感觉很有收获,公司也觉得值。 07:要把集群品牌发展好,不是一朝一夕的事,还是要提高科技含量,把产品弄得过硬点,像 iPad。要做好这些主要靠高素质人才,我们单位最近几年引进了不少硕士、博士,还有从外面挖过来的,有几个干得不错。 25:我觉得也是,那些世界上比较有名的高科技集群好像里面都有几个名校吧,像硅谷和斯坦福。 28:高校肯定是少不了的,但是如果集群里面有好的人才中介机构的话,找到合适的人也容易。	人才培养、人才储备、在职教育
金融机构	03:现在最大的问题就是缺钱,不光企业发展需要资金,做品牌也需要大量的资金,有钱了啥事都好办,如果银行能加大对我们的扶持力度,品牌肯定比现在强。 09:哪有钱做品牌,我天天愁钱,到处都是花钱的事;银行只想把钱放给那些国企、大企业,像我这样的小公司想贷款很难。 18:服务集群里面大多都是中小企业,现在中小企业面临的最大问题好像就是融资难吧,我们也没研究出个道道来。	融资、理财、中介服务

续表

范畴	部分有代表性的原始语句	概念
顾客特征	11:品牌为谁做的?归根结底是做给消费者看的,顾客少了做品牌没意义,也不可能做出很好的品牌。 15:很多服务集群都有一个显著的特点,就是不能离消费者太远,或者说服务业之所以集聚的一个重要原因就是消费者。 26:传统服务业可能更明显,比如零售业、餐饮业等等,这些服务业集群所在的区域必须有足够多的消费者,并且这些消费者的购买力还需要达到一定的水平,否则服务集群发展不起来,更不用说提升品牌价值了。	购买力、数量、人口结构、成熟度
企业品牌价值	02:说简单点,服务集群品牌价值是不是集群里所有企业品牌价值的总和,至少集群品牌离不开企业品牌的支撑。 17:如果集群里有几个非常知名的企业品牌,我想服务集群品牌的影响力肯定也提升了。 18:我感觉服务集群品牌和企业品牌之间的关系类似整体与部分的关系,不是简单加总,但是肯定休戚相关,企业品牌知名度、美誉度提升了,集群品牌的也会提升。	知名度、美誉度、忠诚度
企业品牌管理	01:品牌培育的前提是要有一个能叫得响的名字,一个好的 logo,然后再花点钱做广告就差不多了。 07:每个企业的品牌都很响亮,如果企业在一个地区,也就是集群的话,那么这个集群肯定也很有名气。 13:单个企业品牌管理的好坏肯定会影响整个集群的品牌,如果某个企业出现了大问题,整个集群的东西大家可能都不敢买,集群品牌价值也无从谈起。	品牌表示、品牌定位、品牌维护

续表

范畴	部分有代表性的原始语句	概念
企业间信任	06:有时候为了赶时间,把软件开发某一个环节分给临近的同行做,在客户规定的时间内满足客户的要求,这样的事经常有。 21:我们去科技市场配电脑,如果商家恰好缺什么配件,他们会迅速去旁边拿一个周转一下,把满足顾客的需要放在首位。我看他们之间的关系还不错。 28:集群内的企业流动性较小,大家都知根知底,相互之间合作的次数较多,预期的风险较小,这样的关系有利于企业和集群的发展。	合作、关系
集群品牌认知相似度	07:每个公司都在做品牌,如果集群内的公司不谋而合,品牌集中在某一类产业上的话,这一个集群可能很快就会有影响力,所谓的集群品牌就出现了。 12:目标一致的话,应该比较容易形成合力。 24:换个角度想想,如果集群已经有品牌了,而且集群品牌形象比较鲜明,集群内企业都集中在集群品牌这面大旗下,这样集群品牌可能会发展得更好。	愿景
成员间交互作用	10:不同公司的员工下班后经常交流,比如中午经常一块吃饭,有什么新鲜事大家很快都知道了。 16:因为空间距离较近,平时交流比较多,集群内企业可能会相约做某件事情,比如宣传活动、展销会等。 30:集群企业在同一区域,它们面临同样的政治、经济和社会环境,很容易抱团,形成利益集团;如果存在上下游关系的话,更容易协调。	沟通、协调、凝聚力

3.3.2 主轴编码

主轴编码(关联式登录)的任务是发展主范畴,寻找范畴之间的潜在逻辑联系。关联式登录能够将材料以新的、更清新、更整合的方式组织起来。开放式编码所形成的概念,并不是在主轴编码阶段都可以发展,一些无法和其他概念聚拢成为主范畴的概念将被删去。根据不同范畴在概念层次上的相互关系和逻辑次序,本研究对保留的概念进行归类,共归纳出四个主范畴。四个主范畴及它们对应的开放式编码范畴如表 3-3 所示。

表 3-3　　主轴编码形成的主范畴

主范畴	对应范畴	范畴的内涵
服务集群环境因素	政府行为	制定相关政策、规划的管理机构
	中介机构行为	通过专业知识和技术为集群服务的机构
	金融环境	金融机构、制度和体系
	顾客特征	享受集群所提供服务的人
个体品牌投入因素	个体品牌价值	集群内单个企业品牌的品牌价值
	个体品牌管理	群内单个企业的品牌管理水平
关系投入因素	企业间信任	对另一方完成所想要行为的可能性的一种相信或预期
	集群品牌认知相似度	集群个体对集群品牌内涵理解的一致程度
成员间交互	任务性交互	成员间直接与工作任务相关的相互联系和作用
	社会性交互	成员间工作任务之外的相互联系和作用

3.3.3　选择性编码

选择性编码(核心式登录)是处理范畴之间关系的过程。理论上讲,当主范畴发展的程度较深,并且访谈的个案达到了一定的数量时,范畴之间的关系可能会渐渐浮现。选择性编码的目的就是依据范畴间的关系,形成"故事线"(story line),进一步找到核心范畴(core category)。也就是说,在本阶段,将分出范畴的主次关系,并围绕核心范畴,描述访谈所得到的资料,形成与研究主题相关的新的实质理论构架。本研究中,主范畴的典型关系结构如表 3-4 所示。

表 3-4　主范畴的典型关系结构

典型关系结构	关系结构的内涵
服务集群环境因素——服务集群品牌价值	服务集群环境是提升服务集群品牌价值的重要因素,直接影响服务集群品牌价值
个体品牌投入因素——服务集群品牌价值	个体品牌投入是提升服务集群品牌价值的重要因素,直接影响服务集群品牌价值
关系投入因素——服务集群品牌价值	关系投入是提升服务集群品牌价值的重要因素,直接影响服务集群品牌价值
成员间交互行为——服务集群品牌价值	成员间交互行为是提升服务集群品牌价值的重要因素,直接影响服务集群品牌价值
服务集群环境因素——成员间交互——服务集群品牌价值	成员间交互行为作为中介变量,影响服务集群环境——服务集群品牌价值之间关系的强度

续表

典型关系结构	关系结构的内涵
个体品牌投入因素——成员间交互——服务集群品牌价值	成员间交互行为作为中介变量，影响个体品牌投入——服务集群品牌价值之间关系的强度
关系投入因素——成员间交互——服务集群品牌价值	成员间交互行为作为中介变量，影响关系投入——服务集群品牌价值之间关系的强度

我们确定“服务集群品牌价值影响因素”这一核心范畴，围绕核心范畴的“故事线”可以概括为：服务集群环境因素、个体品牌投入因素、关系投入因素和成员间交互行为四个主范畴对服务集群品牌价值存在显著影响；另外，在服务集群环境因素、个体品牌投入因素、关系投入因素三个主范畴对服务集群品牌价值产生影响的过程中，成员间交互可能会发生中介作用。

以此“故事线”为逻辑基础，本研究构建和发展出一个较新的服务集群品牌价值提升机理理论框架，可以称之为“服务集群品牌价值影响因素模型”。如图 3-2 所示。

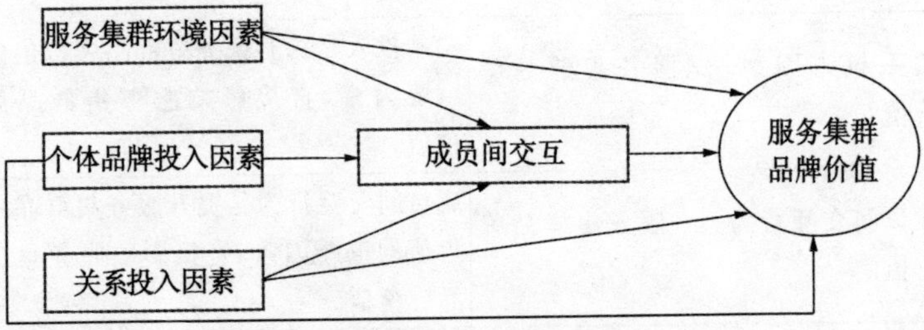

图 3-2 服务集群品牌价值影响因素模型

3.3.4　理论模型饱和度检验

为保证研究过程的严密性和研究结果的科学性，本研究用前文剩下的 1/3 访谈记录进行理论模型饱和度检验。对剩下的 1/3 访谈记录进行编码和分析。结果发现，图 3-2 中的范畴已经发展得较为丰富，对于影响服务集群品牌价值的四个主范畴（服务集群环境因素、个体品牌投入因素、关系投入要素和成员间交互），没有产生新的范畴和关系。由此可以认为，上述“服务集群品牌价值影响因素理论模型”理论上是饱和的。

3.4　扎根理论研究结果

运用扎根理论方法进行定性分析，从原始资料中归纳演绎出服务集群品牌价值影响因素及其关系，发展、完善了服务集群和集群品牌价值研究领域的相关理论，并为本书后续的实证分析部分提供了理论基础。与已有文献相比，本研究运用扎根理论分析方法得到了以下主要结论：

第一，得到了影响服务集群品牌价值的主要因素。

现有文献主要是基于企业层面探讨品牌价值问题的，少量的涉及集群品牌价值问题的文献也多为定性描述，缺乏逻辑严密性和说服力。本研究运用扎根理论这一探索性研究技术，有针对性地挖掘影响服务集群品牌价值的主要因素，得到了服务集群环境因素、个体品牌投入因素、关系投入因素和成员间交互四类要素。

第二，厘清了各影响因素与服务集群品牌价值的关系。

扎根理论研究的结果表明，服务集群环境因素、个体品牌投入因素、关系投入因素和成员间交互四大类要素直接影响服务集群品牌价值。服务集群环境因素、个体品牌投入因素、关系投入因素三类要素与服务集群品牌价值的关系强度可能还受到成员间交互的影响，换言之，成员间交互不仅直接影响服务集群品牌价值，还充当了中间变量的角色。可能是部分中介，也可能是完全中介，其最终结果如何还有待进一步的实证检验。

第三，了解了各行为主体影响服务集群品牌价值的手段。

通过与受访者进行个别访谈和焦点小组讨论，我们还了解到与服务集群品牌有关的行为主体是如何影响服务集群品牌价值的，以及这些行为主体都采取了哪些行动，这些信息十分有助于设计正式的调研问卷。

第四，突出了成员间交互的中介作用。

在现有的文献中，服务集群成员间的交互作用很少被作为影响因素提及，关于其中介作用的文献则更少。实际上，集群成员关系是十分密切、也是十分复杂的，我们不能视而不见。本研究将成员间的交互行为纳入理论研究模型，并借鉴 Homans(1961)对于人类社会行为的研究①和 Hackman(1987)关于社会情感交互和任务交互范畴的界定②，试图明确成员间的交互行为对服务集群品牌价值提升的直接作用及其对其他关系的中介作用。

---

① Homans G. C., *Social Behaviour: Its Elementary Forms*, London: Routledge & Kegan Paul Ltd, 1961.

② Hackman J. R., *The Design of Work Teams*, Boston, USA: Harvard Business School, 1987.

第4章 服务集群品牌价值形成机理理论模型与相关假设

4.1 服务集群品牌价值形成机理理论模型

根据已有的文献资料和扎根理论的分析结果，本研究将影响服务集群品牌价值形成的因素概括为四大类，即服务集群环境因素、个体品牌投入因素、关系投入因素和成员间交互。服务集群环境因素包括政府行为、中介机构行为、金融环境、顾客特征；个体品牌投入因素包括个体品牌价值和个体品牌管理；关系投入因素包括企业间信任和集群品牌认知相似度；成员间交互包括任务性交互和社会性交互。

服务集群环境因素、个体品牌投入因素、关系投入因素和成员间交互四大类因素对服务集群品牌机制有直接影响。同时，服务集群环境因素、个体品牌投入因素、关系投入因素三类因素还会影响集群成员间交互行为，成员间交互行为还可能是其他三类因素与集群品牌价值形成之间关系的中介变量。

基于上述思路，结合服务集群品牌价值影响因素理论模型(见图3-2)，本书构建了服务集群品牌价值形成机理理论模型，如图4-1所示。

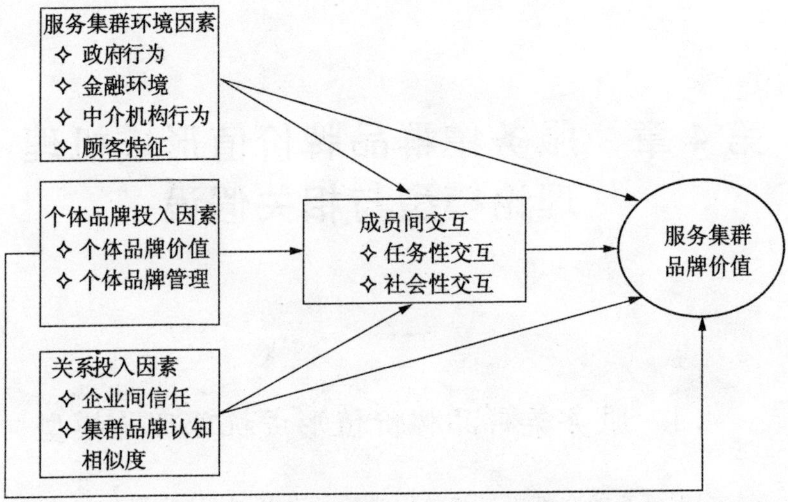

图 4-1　服务集群品牌价值形成机理理论模型

4.2　服务集群品牌价值形成机理相关假设

4.2.1　服务集群品牌环境因素与服务集群品牌价值形成

4.2.1.1　政府行为与服务集群品牌价值形成

政府行为主要是指政府行为主体，也就是国家各级行政机关和公务人员履行政府职能的各种活动。从横向的角度看，政府行为可以概括为四个主要方面：一是政治行为，主要指政治统治、基本制度、政治管理、政治参与、政治发展；二是经济行为，主要指资源配置、经济环境改善、经济活动引导、经济结构调整；三是文化行为，主要指文化政策、文化管理；四是法制行为，主要指立法、执法。[①]

一些经济学的基本理论为分析政府行为在服务集群品牌价值形成中的作用提供了佐证。政府作用的外部性理论告诉我们，政府通过公共事业兴办、公共物品提供、基础设施建设等行为，可以减少市场失灵的负面影响，降低企业运营成本，为区域经济发展提供便利，显然亦有利于服务集群品牌价值提升。新制度经济学的理论告诉我们，制度是经济增长的重要原因，政府好的制度选择也会显著促进技术创新，这些都有利于集群品牌的发展和集群品牌价值的提升。

从理论层面看，目前直接研究政府行为与集群品牌的文献仍然非常少见。第一类文献定性分析了政府行为在集群品牌形成过程中的重要性，学者在该类文献中认为地方政府是集群品牌形成的主要影响因素之一，在集群品牌培育、发展和维护过程中承担着推动、促进、引导、中介、协调等作用。姚向军（2006）认为，集群品牌是在政府、企业、中介机构、区域社会等主体共同作用下形成的，在所有的行为主体中，政府行为的作用最为关键，政府是集群品牌形成的推动者。[②] 赵广华（2007）认为在集群品牌构建和提升的过程中，政府的作用表现为制定集群品牌发展战略、建立产学研合作的创新网络、改善集群品牌发展环境等。[③] 孙丽辉（2009）认为：地方政府行为是不可或缺的重要因素，在集群品牌形成过程中，政府构建性明显大于市场生成性；地方政府创建区域品牌的主观偏好

① 参见黄忠斌：《城市品牌建设中的政府行为研究》，广西民族大学博士学位论文，2009 年。

② 参见姚向军：《集群的力量：一场实战与理论的对话》，中华工商联合出版社 2006 年版，第 107 页。

③ 参见赵广华：《我国产业集群品牌提升的政府促导机制》，《财贸经济》2007 年第 2 期。

与政策导向很大程度上主导了集群品牌演进的方向、速度及可持续发展水平。[①]

第二类文献较为详细地讨论了政府影响集群品牌的具体行为和作用。段淳林和王勇(2009)强调了政府的制度创新和协调作用,认为在我国产业集群品牌构建的过程中要充分发挥各级政府的主导作用,要通过打造服务型政府来不断完善市场机制、协调好各方面的力量。[②] 李晓翠(2011)强调了政府对于市场和企业行为的规范作用,认为集群品牌是集群发展的高级阶段,其构建中存在"搭便车""劣币驱逐良币"及集群升级风险等阻碍集群发展的因素,集群品牌建设需要政府行为介入与支持。[③]

第三类文献从实证层面对政府行为在集群品牌形成中的作用进行了更有说服力的阐述。Lundequist 和 Power (2002)[④]、Soren Buhl Pedersen(2004)[⑤]等学者研究了丹麦的奥里桑德地区(Oresund),结果表明,在奥里桑德地区品牌化的过程中,政府发挥了主导作用,表现在为区域命名努力、提供资金支持、区域基础设施建设等方面。王蕊和池重(2010)分析了政府在区域品牌与产业集群互动机制中发挥的作用,并以甘肃定西马铃薯产业发展为例,探讨政府积极引导下依托区域品牌的建立,如何增强当地产业集群竞

---

① 参见孙丽辉:《区域品牌形成中的地方政府作用研究——基于温州鞋业集群品牌的个案分析》,《当代经济研究》2009 年第 1 期。

② 参见段淳林、王勇:《论集群品牌构建中的政府职能》,《科技管理研究》2009 年第 29 期。

③ 参见李晓翠:《集群品牌构建中的政府行为研究》,《商业时代》2011 年第 24 期。

④ Lundequist P., Power D.,"Putting Porter into practice? Practices of regional cluster building: evidence from Sweden," *European planning studies*, Vol. 10, No. 6 (2002), pp. 685-704.

⑤ Pedersen S. B.,"Place branding: Giving the region of ? resund a competitive edge," *Journal of Urban Technology*, Vol. 11, No. 1(2004), pp. 77-95.

争力。[①]

从实践层面看，世界上很多国家都有政府参与集群品牌建设的成功典范。如上文提到的丹麦奥里桑德地区，政府依据当地经济发展状况和产业优势，采取了自上而下的方式，成功打造了区域品牌。印度班加罗尔的软件业集群品牌，短短十年就发展成为具有国际竞争力的服务业集群品牌，政府行为功不可没。中国的福建晋江、浙江温州等地，区域政府在集群品牌形成过程中，都制定了合理的战略、明确的目标，采取了积极主动的引导、扶持策略，已成功培育出一批具有较大影响力和较强竞争力的集群品牌。

基于上述分析，本研究提出以下假设：

H1：政府行为对服务集群品牌价值有显著正向影响。

4.2.1.2　中介机构行为与服务集群品牌价值形成

中介机构是通过专业知识和技术向委托方提供公证、代理、咨询、信息、技术、评价等中介服务的机构，主要包括公证监管中介机构、金融中介机构、信息咨询与服务中介机构、行业协会自律型中介机构等类别。

中介机构是市场经济体系的重要组成部分，在市场经济建设中发挥着重要的作用。首先，中介机构生产与传递相关信息，能够提高市场交易效率，优化资源配置。相对于服务企业，信息中介机构拥有更加专业的信息收集、加工和处理方面的人才，信息生产费用较低。通过中介服务形式，区域内企业可以以较小的代价获得高质量的专业信息，从而大大提高了企业把握市场和竞争对手的能力，企业可以及时调整生产经营战略，提高企业的有效供给，促进整个市场的供求平衡，使社会资源配置优化。其次，中介机构可以规范市场秩序，保护市场各主体的合法权益。虽然以市场为主

① 参见王蕊、池重：《政府主导下的区域品牌与产业集群互动机制研究》，《商业时代》2010 年第 24 期。

导的资源配置方式能够调动生产主体积极性，大大提高资源配置效率，但是其缺点也是显而易见的，诸如垄断、外部性等市场失灵现象时有发生。仅仅依靠政府行为不足以完全消除市场失灵的负面影响，必须依靠其他社会力量，中介机构就是其中的佼佼者。与政府和企业不同，中介机构对市场秩序的规范比较专业、公正，中介机构作为市场交易的第三方，较为客观地对市场参与人的资信、产品质量等进行科学审核和认证，并将真实的信息和结果传递给利益相关方、社会和政府，以此形成一种强有力的监督机制，从而进一步维护各市场参与人的权益。中介机构的上述行为和功能有利于企业发展和企业品牌的培育，进一步推动了服务集群品牌价值的形成和提升。

从文献资料看，目前国内外对于中介机构在集群品牌形成和集群品牌价值提升中的作用的研究成果非常少。一部分学者论述了集群品牌形成过程中中介机构存在的必要性。Mulin 和 Kotval (1998)两位学者认为，要促进集群的发展，行业协会应对集群进行适当的主动引导，而不仅仅是被动服务。① Rosenfeld(2003)的研究表明，在实施集群战略之前，公共部门一般都会建立或批准成立某个行业协会，这种行业协会常被称为“集群委员会”。它代表集群内的成员，目的是满足集群内所有企业的需要。② 杨琨(2010)认为，行业协会、商会为区域品牌经营管理提供的辅助服务是区域品牌维护和发展的重要外部因素，是保证市场经济顺利进行的润

---

① Mullin J. R., Kotval Z., "The potential for planning an industrial cluster in Barre, Vermont: A case of 'hard-rock' resistance in the granite industry," *Planning Practice & Research*, Vol. 13, No. 3(1998), pp. 311-318.

② Rosenfeld S. A., Expanding Opportunities: Cluster Strategies That Reach More People and More Places," *European Planning Studies*, Vol. 11, No. 4(2003), pp. 359-377.

滑剂，是中小企业集群正常运作的保障系统。[①] 另一部分学者通过定性分析，阐述了中介机构对集群品牌形成的具体作用。夏曾玉和谢健(2003)认为，行业协会和商会(行商会)是区域品牌建设的关键因素之一，它们具有组织和服务、协调和管理等多种智能。[②] 李新权(2005)认为，集群企业"搭便车"心理和信息不对称是集群品牌无法有效形成的重要原因，商会、行业协会等中介组织可以在品牌推广、信息传递、维护集群企业间正当竞争关系等方面发挥积极作用，促进集群品牌形成。[③] 石荣丽和刘迅(2011)认为，行业协会等中介组织在获得地方政府授权的同时，应承担起行业自律、维权、组展、服务、协调、管理等任务，制定集群内产品生产服务标准，建立与健全质量管理和认证体系，推行国际惯用标准，在各个环节设置严格的质量标准，并把标准贯穿于生产经营、销售与售后的整个过程。[④] 韩凯等(2011)认为，行业协会主要起中介作用，是政府和企业之间的桥梁和纽带。[⑤] 李安云(2012)认为，在培育集群品牌的过程中，行业协会应该协助政府、企业做好区域品牌整合营销传播工作。[⑥] 综上所述，行业协会的作用可概括为表 4-1。

---

① 参见杨琨：《福建晋江制鞋产业集群的区域品牌建设研究》，《科技经济市场》2010 年第 12 期。

② 参见夏曾玉、谢健：《区域品牌建设探讨——温州案例研究》，《中国工业经济》2003 年第 10 期。

③ 参见李新权：《基于产业集群的区域品牌相关问题分析》，顾强主编：《中国产业集群》第 3 辑，机械工业出版社 2005 年版，第 22～27 页。

④ 参见石荣丽、刘迅：《企业集群升级中的区域品牌塑造分析》，《企业经济》2011 年第 5 期。

⑤ 参见韩凯、王万龙、胡允银：《基于知识产权立体包的区域产业集群品牌建设研究——以路桥机电产业为例》，《科技管理研究》2011 年第 18 期。

⑥ 参见李安云：《基于重庆市产业集群的区域品牌运营模式研究》，《中国商贸》2012 年第 7 期。

表 4-1　　　　行业协会作用及文献来源

行业协会的作用	文献来源
信息服务	余晖(2002),陈剩勇(2004),祝洵(2006)
行业自律	夏曾玉和谢健(2003),国彦兵和刘藏岩(2004),张元智和马鸣萧(2006)
协调关系	陈剩勇和魏仲庆(2003),国彦兵和刘藏岩(2004),陈剩勇和马斌(2005),陈文玲(2005),石荣丽和刘迅(2011)
区域营销	李新权(2005),陈剩勇(2004),甘峰鸣(2005),石荣丽和刘迅(2011),李安云(2012)

其他中介机构的相关研究。孙丽辉(2010)认为,集群周边的高校和相关科研机构通过和集群内的企业开展“产学研”合作,可能会带来较好的互动效应,类似“干中学”“学中用”“用中学”等。这些效应将会加速集群内的知识的创新和扩散,提升集群创新能力,促进集群品牌形成和价值提升。①

综上,类似于行业协会的中介机构在集群品牌培育和发展过程中起到了非常重要的积极作用。基于上述分析,本研究提出以下假设:

H2:中介机构行为对服务集群品牌价值有显著正向影响。

4.2.1.3　金融环境与服务集群品牌价值形成

金融环境是指一个国家在一定的金融体制和制度下,影响经济主体活动的各种要素的集合,就服务业集群而言,其金融环境主要体现在区域内部的资本支持、资金渠道来源、信用体系、银企关

① 参见孙丽辉:《区域品牌形成与效应机理研究》,人民出版社 2010 年版,第 125 页。

系、政府支持力度等方面。服务集群的金融环境对集群内企业、集群所在区域经济乃至宏观经济都有重要影响。①

良好的金融环境促进了区域资源的优化配置,加速了服务集群品牌价值提升的过程。从某种程度上讲,金融发展的过程就是信息制造和资源分配的过程②,金融体系的发展减少了获得和整理信息的成本,减轻了金融市场的摩擦,在时间和空间上影响了经济资源的分配。许多经济资源,比如资本是稀缺的,服务集群金融环境整理、分析企业的相关信息,将稀缺的资金收集起来并投向经济前景看好的公司,优化了资本的有效配置。服务集群区域经济资源的优化配置提高了资源的利用效率,刺激了企业改善经营状况的经济性,从而使服务集群的整体影响力和竞争力提升,服务集群品牌价值增强。

服务集群品牌培育和价值提升离不开资金支持,区域金融环境的资金支持是服务集群品牌价值提升的前提。服务集群品牌是集群内各企业品牌精华的浓缩和提炼,是服务集群内各行为主体长期努力的结果。无论是企业品牌的培育,还是集群整体品牌形象的提升,都离不开区域内部的资本支持。

良好的集群信用环境降低了服务集群成员间的交易费用,减少了潜在风险。服务集群区域内的企业,由于地理上接近和行业上的联系,相互之间的合作程度较高,交往频繁,信用环境的重要性不言而喻。较好的信用环境能够降低交易环节中的不确定性,避免或削弱潜在的交易风险,为企业节约交易费用,大大降低企业的运营费用。信用环境的改善能够提高服务集群企业在市场中的

---

① 参见张世晓:《金融环境与企业融资结构的区域效应》,《山东经济》2011 年第 6 期。

② 参见董竹:《中小企业融资研究:资本结构与金融环境的影响》,吉林大学博士学位论文,2008 年。

生存能力和竞争力，加快企业品牌培育的进程，为服务集群品牌形成和价值提升创造有利条件。

基于上述分析，本研究提出以下假设：

H3：金融环境对服务集群品牌价值有显著正向影响。

4.2.1.4 顾客特征与服务集群品牌价值形成

品牌是通过对顾客施加影响而给企业创造价值的。[①] 作为品牌的一种类型，服务集群品牌与其他品牌一样，也是一个与顾客密切相关的概念。服务集群品牌价值表现为服务集群品牌知名度、美誉度、竞争力、成长性和创新能力等五个方面。本研究中的顾客特征是指区域顾客整体特征，主要表现为顾客购买力、区域人口密度、顾客成熟度等三个方面。

顾客根据所掌握的品牌知识对该品牌营销活动作出的差异性反应是品牌价值产生的根本原因。企业通过营销活动向顾客传递关于企业、产品和品牌的信息，树立良好的品牌形象，引起顾客的关注，使品牌进入消费者的考虑集(consideration set)，导致购买行为发生，并以卓越的产品功能效用和情感效用使消费者满意，使顾客成为品牌的忠诚顾客。同时，品牌在顾客心目中形成了一定的知名度、美誉度，与其他品牌相比，本企业品牌具有一定的竞争力，消费者对本品牌的营销活动反应热烈而且正向，品牌价值由此形成。

服务集群品牌培育和价值提升也同样需要上述过程。在服务集群品牌价值形成的过程中，顾客特征是重要的影响因素。顾客购买力和区域人口密度决定了顾客品牌购买行为发生的可能性和频率，顾客成熟度决定了企业品牌塑造活动能否达到预期目标。

基于上述分析，本研究提出以下假设：

---

① 参见范秀成、冷岩：《品牌价值评估的忠诚因子法》，《科学管理研究》2000 年第 5 期。

H4:顾客特征对服务集群品牌价值有显著正向影响。

4.2.2　服务集群个体品牌投入因素与服务集群品牌价值形成

4.2.2.1　个体品牌价值与服务集群品牌价值形成

服务集群品牌是特定服务集群经过长时间发展所累积起来的产业或主导产品知名度和美誉度等声誉,是集群成员共同经营的产物,是众多企业品牌精华的浓缩和提炼。服务集群价值表现为集群品牌知名度和美誉度、竞争力、品牌成长性、品牌创新能力。服务集群品牌价值的塑造至少有两个层面:宏观层面是集群层面的品牌塑造,包括政府或行业协会对集群品牌的规范和引导、集群品牌的营销推介等;微观层面是企业层面,集群内每个企业的行为不仅代表着企业自身,也代表着服务集群,企业提升个体品牌价值的活动也是提升集群品牌价值的活动。换言之,从企业层面上看,个体品牌价值和服务集群价值是统一的,个体品牌价值对服务集群品牌价值有正向的促进作用。

基于上述分析,本研究提出以下假设:

H5:个体品牌价值对服务集群品牌价值有显著正向影响。

4.2.2.2　个体品牌管理与服务集群品牌价值形成

服务集群品牌价值形成是与服务集群品牌有关的行为主体共同作用的结果,但是在所有的行为主体中,毫无疑问,服务集群企业是集群品牌价值提升主要的实践者和受益者。因此,在服务集群品牌价值提升的过程中,必须明确集群企业的主体地位,不断提升集群企业的品牌管理水平,并以此作为服务集群品牌价值建设的基础。在其他条件不变的情况下,服务集群企业个体品牌管理水平越高,企业个体品牌的知名度和美誉度越高,服务集群品牌价值必将增加。因为服务集群品牌是服务集群企业发展累积起来的声誉,是所有企业品牌声誉的总和。

另外,服务集群品牌是集群企业和相关主体共同拥有的品牌,若服务集群企业个体品牌管理水平较高，在共同管理集群品牌时必然也具有较高的水平，可能表现为服务集群品牌有清晰的定位、有效的传播手段、特色的品牌表达和及时有力的品牌维护，这些措施无疑会增加服务集群品牌价值。

基于上述分析，本研究提出以下假设：

H6：个体品牌管理对服务集群品牌价值有显著正向影响。

4.2.3 服务集群企业关系投入因素与服务集群品牌价值形成

4.2.3.1 企业间信任与服务集群品牌价值形成

通过相互之间的多次交往和作用，个体或组织获得了其他个体或组织是否可依赖的认识，这种认识就是信任。[①] Kugler 等(2007)认为，信任是任何成功社会的必要因素，信任可以使社会成员有效地交换信念、商品与服务。[②] 社会学家尼克拉斯·卢曼认为，信任是人类面临合作时的有效简化机制，这种简化机制是人们遭遇社会和环境不确定性时所必需的生存策略。[③]

信任可以有效降低风险。信任是关系资本的关键要素[④]，也是关系资本中受到较多关注的因素。信任从双方的多次交往的经验中得到，来之不易。为了维护脆弱的信任关系，参与交易的个体都有履行契约的压力，此时信任可以看作是一类隐性的契约，一种有效的行为约束机制，可以有效降低交易风险。

---

① 参见顾新、郭耀煌、李久平：《社会资本及其在知识链中的作用》，《科研管理》2003 年第 5 期。

② Kugler T., Bornstein G., Kocher M. G., et al, "Trust between individuals and groups: Groups are less trusting than individuals but just as trustworthy," *Journal of Economic Psychology*, Vol. 28, No. 6(2007), pp. 646-657.

③ 参见[德]尼克拉斯·卢曼：《信任：一个社会复杂性的简化机制》，瞿铁鹏、李强译，上海人民出版社 2005 年版，第 8～11 页。

④ 参见常荔、李顺才：《论基于战略联盟的关系资本的形成》，《外国经济与管理》2002 年第 7 期。

信任促进了群体间的知识转移和创新。Muthusam 等(2007)认为,联盟企业员工间知识交换,尤其是隐性知识的交流,必须以信任为前提。[①] 具备信任的条件下,交易双方可以不必小心防范对方的不道德行为,更愿意敞开心扉,与交易伙伴分享彼此的优势资源、先进知识。因而,信任关系加快了集群企业间知识转移的速度,为创新活动提供了可能。

信任改善了合作的整体效果。建立在信任关系基础上的契约比纯粹的协议更能保证合作的成功,促进交易成员间的频繁互动。信任对合作关系的促进作用已被很多研究所证实,Lancastre 和 Lages (2006)、Wittmann 等(2009)、Ybarra 和 Turk(2009)等人的研究表明,信任能够增加合作的频率,降低沟通协调的费用,加速知识交流。[②] 李永锋和司春林(2007)将联盟绩效、承诺和长期关系视为信任的后果变量,实证研究显示相互信任对合作效果具有正向影响。[③] 龙勇等(2006)研究表明,信任对企业知识获取、联盟整体效应和个体效应都有积极的影响。[④] 王蕾(2011)认为信任与

---

① Muthusamy S. K., Whith M. A., Carr A.,"An empirical examination of the role of social exchanges in alliance performance," *Journal of Managerial Issues*, Vol. 19, No. 1(2007), pp. 53-57.

② Lancastre A., Lages L. F.,"The relationship between buyer and a B2B e-marketplace: Cooperation determinants in an electronic market context," *Industrial Marketing Management*, Vol. 35, No. 6(2006), pp. 774-789. Wittmann C. M., Hunt S. D., Arnett D. B.,"Explaining alliance success: Competences, resources, relational factors, and resource-advantage theory," *Industrial Marketing Management*, Vol. 38, No. 7(2009), pp. 743-756. Ybarra C. E., Turk T. A., The evolution of trust in information technology alliances," *The Journal of High Technology Management Research*, Vol. 20, No. 1(2009), pp. 62-74.

③ 参见李永锋、司春林:《合作创新战略联盟中企业间相互信任问题的实证研究》,《研究与发展管理》2007 年第 6 期。

④ 参见龙勇、李忠云、张宗益:《技能型战略联盟基于信任的知识获取和合作效应实证研究》,《研究与发展管理》2006 年第 5 期。

合作可以降低企业成本和促进集群创新，进而提升集群品牌价值。[①]

简而言之，信任能部分消除不确定性，使复杂的情境简单化，加快行为主体的决策速度，节约交易成本，促进知识转移，诱发创新。因此，企业间的信任关系必然加速服务集群品牌价值形成的进程。

基于上述分析，本研究提出以下假设：

H7：企业间信任对服务集群品牌价值有显著正向影响。

4.2.3.2 集群品牌认知相似度与服务集群品牌价值形成

品牌管理理论中的品牌认知是从消费者角度出发的，是消费者记忆中关于品牌所有联想的总和[②]，反映的是品牌在消费者心目中的显著程度[③]。本研究所提及的"集群品牌认知"指的是服务集群内部企业对于集群品牌的认知，主要是指服务集群企业对服务集群品牌的内涵和个性了解情况，是从企业角度出发的概念。集群品牌认知相似度越高，说明服务集群企业对服务集群品牌的内涵和个性的认识越一致。

从服务集群建设的角度看，服务集群品牌可以看作是服务集群企业的目标或愿景，集群品牌认知相似度越高，也就意味着服务集群品牌建设的目标或愿景一致性越高。Tsai 和 Ghoshal(1998)认为共同愿景是联盟伙伴间有共同的目标和理想。[④] 这也就意味

① 参见王蕾：《基于顾客让渡价值的产业集群环境对品牌提升的作用机理研究》，《江苏商论》2012 年第 12 期。

② 参见范秀成：《基于顾客的品牌权益测评：品牌联想结构分析法》，《南开管理评论》2000 年第 3 期。

③ Aaker D.，"Measuring brand equity across products and markets，" *California Management Review*，Vol. 38，No. 3(1996)，pp. 102-120.

④ Tsai W.，Ghoshal S.，"Social capital and value creation：The role of intrafirm networks，"*Academy of Management Journal*，Vol. 41，No. 4(1998)，pp. 464-476.

着，当服务集群品牌认知相似度较高时，集群企业更倾向于双方知识的交流和资源的交换，增进企业间交互行为。Yli-Renko 等(2002)认为当联盟目标一致时，沟通更加流畅、准确，能够避免交流中产生偏差和误会，同时也减少了猜疑和机会主义行为，降低了监督成本。①

基于上述分析，本研究提出以下假设：

H8：集群品牌认知相似度对服务集群品牌价值有显著正向影响。

4.2.4 服务集群成员间交互与服务集群品牌价值形成

任务性和情感性的交互作用②在创新交互研究中被大家广泛应用。魏江等(2007)将这两个概念引入 KIBS 服务创新过程，采用"任务性交互"与"社会性交互"两个术语来表征创新过程交互行为。③如果将服务集群看作一个团队，那么表征团队成员之间的任务性交互与社会性交互行为也应该可以用来表征服务集群成员间的交互行为。

4.2.4.1　任务性交互行为与服务集群品牌价值形成

任务性交互是指那些服务集群成员间直接与工作任务相关的相互联系和作用。Hoegl 等认为任务性交互行为具体包括沟通、

---

① Yli-Renko H., Autio E., Tontti V.,"Social capital, knowledge, and the international growth of technology-based new firms," *International Business Review*, Vol. 11, No. 3(2002), pp. 279-304.

② Gladstein D. L.,"Groups in context: A model of task group effectiveness," *Administrative Science Quarterly*, Vol. 29, No. 4(1984), pp. 499-517. Mcgrath J. E., "Time, interaction, and performance," *Small Group Research*, Vol. 22, No. 2(1991), pp. 147-174.

③ 参见魏江、胡胜蓉：《知识密集型服务业创新范式》，科学出版社 2007 年版，第 309 页。

任务协作以及成员贡献平衡。[①]

沟通是信息分享的重要渠道。[②] 服务集群内部成员间有效的沟通使信息传递流畅、迅捷,不仅使服务集群协调成本较低,而且十分有利于知识的扩散和传播,加速了集群内部创新扩散的步伐,为服务集群品牌创新和品牌价值提升提供了可能性。相对于集群外部的沟通而言,服务集群内部成员间的直接沟通能够有效地避免利用媒介间接沟通导致的信息传递失真,保证任务完成的及时性和准确性。成员间的任务协作主要表现为协调。服务集群主体的多元化使协调变得复杂、重要,在具有上下游关系的服务集群中尤其如此。集群品牌是集群绩效的外在表现,有效的协调能够保证掌握不同知识和资源的主体在集群层面上达成高度的相互协作,保证任务的顺利完成,这对于维护集群品牌形象、提升集群品牌价值十分重要。Hoegl(2001)认为成员贡献平衡指的是各成员都有机会各展所长。[③] 服务集群每个个体都具备某种专业知识和技能,有其存在的合理性,在集群品牌价值提升的过程中,如果能让每个个体都发挥其特长,竭力为集群服务,品牌价值提升过程会顺利得多。

基于上述分析,本研究提出以下假设:

H9:任务性交互行为对服务集群品牌价值有显著正向影响。

---

① Hoegl M., Weinkauf K., Gemuenden H. G.,"Interteam coordination, project commitment, and teamwork in multiteam R&D projects: A longitudinal study," *Organization Science*, Vol. 15, No. 1(2004), pp. 38-55.

② Pinto M. B., Pinto J. K.,"Project team communication and cross-functional cooperation in new program development," *Journal of Product Innovation Management*, Vol. 7, No. 3(1990), pp. 200-212.

③ Hoegl M., Gemuenden H. G.,"Teamwork quality and the success of innovative projects: A theoretical concept and empirical evidence," *Organization Science*, Vol. 12, No. 4(2001), pp. 435-449.

4.2.4.2　社会性交互行为与服务集群品牌价值形成

Hackman(1987)将社会性交互定义为团队、群体内发生的人际关系处理。[①] 社会性交互行为包含相互支持、凝聚力以及努力程度。[②]

为完成集体目标，团队成员相互支持，保持合作关系是非常重要的。[③] 服务集群成员间的相互支持可以提高集群整体效率，维护良好的集群品牌形象；可以形成良好的集群合作氛围，增强集群的吸引力；还可以保持服务集群内部个体间良好的合作关系，减少不必要的冲突和内耗。凝聚力是指群体成员之间为实现群体活动目标而实施团结协作的程度。服务集群凝聚力越高，每个成员对集群品牌的认同度越强，就越愿意为集群品牌价值建设服务；服务集群凝聚力越高，越能够规避集群成员个人理性与集体理性的冲突，减少损人利己、损人不利己的现象，避免“公地悲剧”发生在集群品牌上，使集群品牌形象得以保持，集群品牌价值得以提升。努力程度是指成员是否为集体任务竭尽全力。努力程度对团队协作质量至关重要，努力程度高，说明集体当中的每一个个体都不遗余力地为集体目标努力，在成员知识技能水平和能力一定的情况下，较高的努力程度将会带来较好的团体绩效。服务集群品牌价值建设过程同样如此，如果每个集群成员的努力程度都很高，那么可以预期品牌价值提升效果将更显著。

---

① Hackman J. R., *The Design of Work Teams*, Boston, USA: Harvard Business School, 1987.

② Hoegl M., Weinkauf K., Gemuenden H. G., “Interteam coordination, project commitment, and teamwork in multiteam R&D projects: A longitudinal study,” *Organization Science*, Vol. 15, No. 1(2004), pp. 38-55.

③ Tjosvold D., “Cooperation theory, constructive controversy, and effectiveness: Learning from crises,” in R. A. Guzzo, E. Salas (eds.), *Team Effectiveness and Decision Making in Organizations*, Pfeiffer, 1995, pp. 79-112.

基于上述分析，本研究提出以下假设：

H10：社会性交互行为对服务集群品牌价值有显著正向影响。

4.2.5 服务集群品牌环境因素与服务集群成员间交互

组织是一个受环境和技术条件影响的开放系统，为达到目标，企业也必须根据环境调整自己的行为。兴起于20世纪60年代末70年代初的权变理论可以看作是“环境影响企业行为”的一个诠释，权变理论的核心概念是世界上没有一成不变的管理模式，计划、组织、领导、控制必须适应组织所面临的特殊环境。[①] 服务集群企业的行为也必然受到服务集群环境的影响。服务集群环境中的行为主体较多，主要有政府、中介机构、金融机构和顾客。

4.2.5.1 政府行为与服务集群成员间交互

政府对服务集群成员的影响主要是政策、法规的制定。姜国华和饶品贵(2011)认为一项宏观经济政策的推出首先会影响企业的行为，然后通过企业产出影响经济产出。[②] 刘璟和吴二娇(2011)对政府政策镶嵌度与企业行为和绩效的关系进行了实证研究，结果表明，政策的获益性、信赖度对企业行为和企业绩效有正向影响，而政策的复杂性对企业行为和企业绩效有负向影响。[③] 范群林等(2012)针对知识密集型服务机构与集群制造企业交互的具体研究结果表明，如果政府能够建立较为完善的知识产权保护系统，就能使创新网络发挥更好的作用，从而提高整个产业集群的

---

① 参见王宇晨、王珏、林花：《权变理论的贡献及适用性研究》，《华中师范大学学报》(人文社会科学版)2012年第S3期。

② 参见姜国华、饶品贵：《宏观经济政策与微观企业行为》，《会计研究》2011年第1期。

③ 参见刘璟、吴二娇：《政府政策镶嵌度与企业行为对企业绩效的影响》，《产经评论》2011年第4期。

创新水平。[①] 总之，政府行为对服务集群成员间交互有显著的影响。

基于上述分析，本研究提出以下假设：

H11a：政府行为对服务集群成员间任务性交互行为有显著正向影响。

H11b：政府行为对服务集群成员间社会性交互行为有显著正向影响。

4.2.5.2　中介机构行为与服务集群成员间交互

服务集群环境中的中介机构类型较多，主要包括行业协会、技术中介机构和管理咨询机构。中介机构在服务集群中承担了很多功能，诸如技术支持、管理支持、信息服务、行业自律、协调关系、区域营销等。中介机构是服务集群成员间关系的润滑剂，它使成员间的交互行为更加频繁、顺畅。例如，行业协会可以组织和承办大规模的商展，将集群内的企业集中起来，给企业创造沟通和交流机会；技术中介机构可以在集群内举办技术经验交流会，让杰出企业做典范，推广行业先进经验；管理咨询机构可以开展各种培训，提供管理专业指导。因此，中介机构为集群成员创造了一个良好的交流沟通平台，它的存在显著促进了集群成员间交互。

基于上述分析，本研究提出以下假设：

H12a：中介机构行为对服务集群成员间任务性交互行为有显著正向影响。

H12b：中介机构行为对服务集群成员间社会性交互行为有显著正向影响。

4.2.5.3　金融环境与服务集群成员间交互

服务集群的金融环境包括集群区域的投融资渠道状况、企业

---

① 参见范群林、邵云飞、唐小我：《知识密集型服务机构与集群制造企业交互创新的自发演化研究》，《科学学与科学技术管理》2012 年第 4 期。

间的信用状况、金融机构与企业的关系等方面。服务集群投融资渠道状况与集群企业间交互作用息息相关，如果企业投融资的官方渠道比较丰富，成本较低，手续简单，那么企业间投融资的可能性会降低，企业间交互作用减少。企业间信用状况也影响企业间交互行为，企业间信用状况越好，集群企业相互联系的成本和风险越小，各企业越倾向于在内部相互支持和沟通，也就意味着交互行为较为频繁。如果金融机构与企业的关系较好，各企业与金融机构发生联系的可能性越大，集群企业间相互资金融通的可能性越小，企业间交互作用越弱。总之，金融环境的各个方面都会对服务集群成员间交互产生影响。

基于上述分析，本研究提出以下假设：

H13a：金融环境对服务集群成员间任务性交互行为有显著正向影响。

H13b：金融环境对服务集群成员间社会性交互行为有显著正向影响。

4.2.5.4 顾客特征与服务集群成员间交互

顾客特征包括服务集群所在区域的人口密度、顾客购买力和顾客成熟度等三个方面。区域人口密度是服务集群存在和发展的前提，也是集群企业生死存亡的关键，如果区域人口密度较大、顾客购买力较强，集群服务需求就有保障，区域企业在客源方面的竞争就会趋于缓和，企业间的关系才不会剑拔弩张，企业间才会有理性的沟通、协调和交流。也就是说，区域人口密度越大，集群成员间交互可能越频繁。Sproles 等(1978)认为，顾客成熟度(consumer sophistication)是指顾客已经获得的购物知识、经验以及与有效消费决策相关的技能。[①] Kim 和 La(2012)认为,消费者成熟度包含信息、质量、品牌、设计、新产品、健康和环保、知识产权等组成部分。[②] 成熟度较高的顾客至少具备四个特征:全面了解自身需求,对信息具有较强的判断能力,理性选择能力,善于保护自己的权益。[③] 顾客成熟度越高,企业投机取巧的可能性越小,企业倾向于"练内功",靠真本事留住顾客,服务集群企业间相互学习、共同进步的积极性越强;顾客成熟度越高,企业搭便车、损人利己的代价越大,服务集群企业更倾向于维护集群整体利益,提升集群声誉,集群的凝聚力越强。

基于上述分析,本研究提出以下假设:

H14a:顾客特征对服务集群成员间任务性交互行为有显著正向影响。

H14b:顾客特征对服务集群成员间社会性交互行为有显著正向影响。

4.2.6　服务集群个体品牌投入因素与服务集群成员间交互

4.2.6.1　个体品牌价值与服务集群成员间交互

服务集群个体品牌投入因素包括个体品牌价值和个体品牌管理。个体品牌价值反映的是服务集群内企业自有品牌的市场地位、市场占有率、市场竞争力、市场领导力。作为企业个体品牌投

① Sproles G. B., Geistfeld L. V., Badenhop S. B.,"Informational Inputs as Influences on Efficient Consumer Decision-Making," *Journal of Consumer Affairs*, Vol. 12, No. 1(1978), pp. 88-103.

② Kim C. S., La J. J.,"Effects of Consumer Sophistication on Export Competition between Korea and China,"*Korea and the World Economy*, Vol. 13, No. 1(2012), pp. 99-113.

③ 参见王洪清:《论我国消费者的成熟度对企业营销策略的影响》,《理论月刊》2005 年第 9 期。

入的外在表现,个体品牌价值能够显著改善企业市场活动的效果,降低企业的营销成本,扩大企业的比较优势。由于服务的无形性特征,在服务集群企业间的竞争中,个体品牌价值的差异是成败的关键因素之一。现实中,由于企业发展历程、管理水平等存在差异,必然导致服务集群企业的个体品牌价值各不相同。个体品牌价值较高的企业在集群内的成功对其他企业具有较强的示范效应,为探究个体品牌价值差异的秘密,企业间正式或非正式的沟通因此得到了加强,换句话说,企业间各种交互作用变得频繁了。

基于上述分析,本研究提出以下假设:

H15a:个体品牌价值对服务集群成员间任务性交互行为有显著正向影响。

H15b:个体品牌价值对服务集群成员间社会性交互行为有显著正向影响。

4.2.6.2 个体品牌管理与服务集群成员间交互

个体品牌管理水平表现在服务企业品牌定位、品牌传播、品牌表达、品牌维护等方面。服务集群内企业众多,每个企业的个体品牌价值大小有差异,个体品牌管理水平各不相同,自然就有了高低之分。在品牌管理方面具有相对优势的品牌可能通过三种方式与服务集群其他企业发生交互行为。第一种方式是辐射与带动。[①]在优势品牌的示范下,服务集群内的弱势品牌向优势品牌学习,努力借鉴品牌经验,培育、提升个体品牌价值,广大的贴牌和无牌企业努力创建自主品牌,通过企业间不断的交互作用,服务集群企业个体品牌价值整体提升,服务集群品牌价值也得到提升,这一结果会反作用于优势品牌。第二种方式是纵向整合。品牌管理方面比较优秀的企业经过长时间的积累,在服务集群中具有较强的实力

① 参见李大垒:《农村产业集群品牌创建分析——基于浙江大唐袜业集群的调查》,《农业经济问题》2007年第2期。

和影响力。依靠自身的竞争优势，优势品牌企业可以整合集群内部关系，与集群内其他弱势品牌企业结成战略联盟，或者直接延伸本企业的产业链，将弱势品牌企业变为自己的一部分。第三种方式是人员流动。集群的空间集聚特征使生产要素在集群空间内部的流动变得更加频繁和便捷，人力资源也不例外。类似品牌管理的“黄埔军校”，个体品牌管理水平比较突出的企业培养了大批具有较高品牌管理水平的员工，这些员工对于其他个体品牌管理水平较低的企业无疑具有较大的吸引力。这种人力资源的吸引力导致企业间发生相互联系和作用。总之，服务集群企业个体品牌管理的差异引起了频繁、复杂的服务集群企业间交互行为。

基于上述分析，本研究提出以下假设：

H16a：个体品牌管理对服务集群成员间任务性交互行为有显著正向影响。

H16b：个体品牌管理对服务集群成员间社会性交互行为有显著正向影响。

4.2.7　服务集群关系投入因素与服务集群成员间交互

4.2.7.1　企业间信任与服务集群成员间交互

服务集群企业关系投入因素包括两个方面，即企业间信任和集群品牌认知相似度。企业间信任对成员间交互的正向促进作用已经得到了理论界的一致认同。关于“信任”这个概念，学者们从不同的角度给出了各异的定义。鉴于本书的研究主题，笔者认可 Krishnan 等(2006)、Poppo 等(2010)给出的“信任”概念，即信任是关于一个公司并不会在有机会损害其结盟公司利益的情况下而作出有损双方合作关系的预期。[①]

企业间信任对于服务集群成员间交互的正向促进作用基于以下几个原因：首先，信任可以减少费用，主要是用来维护成员间关系的交易费用和监督费用。Dyer 和 Chu(2003)认为信任可以减少花在交易上的时间。[②] Lui 等(2006)认为，成员间的信任关系可以减少交易达成过程中的协调成本和交易执行过程中的监督成本。[③] 其次，信任能够促进交流和沟通，加速技术扩散。Nahapiet 和 Ghoshal(1998)认为成员间存在较高的信任度的时候，人们更愿意在知识交换中承担风险。[④] Lippert(2007)也认为，组织间信任度越高，越倾向于及时沟通，并且对新技术毫无保留。[⑤] 最后，信任能够减少有害的冲突。彼此间的信任可以有效地增加沟通的效率，及时减少并化解冲突。

基于上述分析，本研究提出以下假设：

H17a：企业间信任对服务集群成员间任务性交互行为有显著

---

① Krishnan R., Martin X., Noorderhaven N. G., "When does trust matter to alliance performance?" *The Academy of Management Journal*, Vol. 49, No. 5(2006), pp. 894-917. Poppo L., Zhou K. Z., Ryu S., "Alternative origins to interorganizational trust: An interdependence perspective on the shadow of the past and the shadow of the future," *Organization Science*, Vol. 19, No. 1(2010), pp. 39-55.

② Dyer J. H., Chu W., "The role of trustworthiness in reducing transaction costs and improving performance: Empirical evidence from the United States, Japan, and Korea," *Organization Science*, Vol. 14, No. 1(2003), pp. 57-68.

③ Lui S. S., Ngo H., Hon A. H. Y., "Coercive strategy in interfirm cooperation: Mediating roles of interpersonal and interorganizational trust," *Journal of Business Research*, Vol. 59, No. 4(2006), pp. 466-474.

④ Nahapiet J., Ghoshal S., "Social capital, intellectual capital, and the organizational advantage," *Academy of Management Review*, Vol. 23, No. 2(1998), pp. 242-266.

⑤ Lippert S. K., "Investigating postadoption utilization: an examination into the role of interorganizational and technology trust," *Engineering Management*, Vol. 54, No. 3(2007), pp. 468-483.

正向影响。

H17b:企业间信任对服务集群成员间社会性交互行为有显著正向影响。

4.2.7.2　集群品牌认知相似度与服务集群成员间交互

服务集群品牌认知相似度是指服务集群内企业都比较了解服务集群品牌的内涵、个性,并且对这些问题的认知差异不大。服务集群品牌是服务集群经过长期发展所累积的知名度和美誉度等声誉,是服务集群企业共同努力的产物,是众多企业品牌精华的浓缩和提炼。服务集群品牌体现了集群的规模、知名度、美誉度、市场占有率等重要方面。较高的认知相似度,表示集群成员从内心里认可集群品牌,关心集群品牌,有较好的主人翁意识和较高的集体荣誉感。认知相似度越高,集群成员越愿意为集群品牌建设贡献力量。

基于上述分析,本研究提出以下假设:

H18a:集群品牌认知相似度对服务集群成员间任务性交互行为有显著正向影响。

H18b:集群品牌认知相似度对服务集群成员间社会性交互行为有显著正向影响。

第5章　服务集群品牌价值形成机理实证分析

5.1　实证研究设计

5.1.1　变量的测量

本研究涉及政府行为、中介机构行为、金融环境、顾客特征、个体品牌价值、个体品牌管理、企业间信任、服务集群品牌认知相似度、任务型交互行为、社会型交互行为、品牌集群品牌价值等11个变量。

5.1.1.1　政府行为

政府在服务集群品牌形成的过程中扮演着重要的角色。其作用首先表现为制定战略和规划，引导集群品牌发展。Lundequist和Power（2002）发现政府因地制宜，对麦迪肯峡谷集群（Medicon Valley cluster）进行了品牌化，增强了该区域的竞争优势。①Soren Buhl Pedersen（2004）认为在奥里桑德区域集群品牌形成的

① 参见蔡莉、李雪灵：《金融环境对风险投资的支撑作用分析》，《吉林大学社会科学学报》2003年第2期。

过程中，政府提供了资金支持，进行了基础设施建设。[①] 姚向军(2006)认为以政府为首的公共管理部门是集群品牌的创造者或者说推动者。[②] 赵广华(2007)认为政府的促进和引导是集群品牌建设的主导性因素，其次是服务作用，比如完善市场机制、协调各方力量[③]，规范市场秩序[④]，等等。孙丽辉(2010)认为政府在区域品牌形成过程中的作用主要表现在四个方面，即政府制度创新、提供公共服务、实施名牌战略、区域品牌营销，并设计了相应的测量量表。[⑤] 本研究结合上述文献，设计了政府行为因素测量量表，具体测项见表 5-1。

表 5-1　　政府行为因素测量量表

变量名	编号	问项	参考来源
政府	Gov1	地方政府能够为集群品牌发展制定长远战略	孙丽辉(2010)、顾立汉(2015)
	Gov2	地方政府积极建立和完善各种中介服务体系	
	Gov3	地方政府适时地进行政府管理体制改革	
	Gov4	地方政府及时制定保护服务集群品牌发展的法律法规	
	Gov5	地方政府大力发展和培育专业市场	

① Pedersen S. B.,"Place branding: Giving the region of ? resund a competitive edge," *Journal of Urban Technology*, Vol. 11, No. 1(2004), pp. 77-95.

② 参见姚向军：《集群的力量：一场实战与理论的对话》，中华工商联合出版社 2006 年版，第 100 页。

③ 参见段淳林、王勇：《论集群品牌构建中的政府职能》，《科技管理研究》2009 年第 29 期。

④ 参见李晓翠：《集群品牌构建中的政府行为研究》，《商业时代》2011 年第 24 期。

⑤ 参见孙丽辉：《区域品牌形成与效应机理研究》，人民出版社 2010 年版，第 136 页。

5.1.1.2 中介机构行为

中介机构在服务集群中承担了很多功能，诸如技术支持、管理支持、信息服务、行业自律、协调关系、区域营销等。Mulin 和 Kotval(1998)认为产业集群内非常有必要成立一个新的、比较有影响力的行业协会。① Rosenfeld(2003)发现行业协会是集群的起点。② 夏曾玉和谢健(2003)认为行业协会具有维权、协调、行业自律、监管等多种功能。③ 李新权(2005)认为商会、行业协会等中介组织在品牌推广等方面具有积极作用。④ 孙丽辉(2010)认为行业协(商)会在区域品牌形成过程中的作用主要表现在四个方面，即信息提供、行业自律、协调关系、开展区域营销，并设计了相应的测量量表。⑤ 石荣丽和刘迅(2011)认为中介组织的作用包括自律、维权、组展、服务、协调、管理等。⑥ 本研究结合上述文献，设计了中介机构因素测量量表，具体测项见表 5-2。

---

① Mullin J. R., Kotval Z.,"The potential for planning an industrial cluster in Barre, Vermont: A case of 'hard-rock' resistance in the granite industry," *Planning Practice & Research*, Vol. 13, No. 3(1998), pp. 311-318.

② Rosenfeld S. A., Expanding Opportunities: Cluster Strategies That Reach More People and More Places,"*European Planning Studies*, Vol. 11, No. 4(2003), pp. 359-377.

③ 参见夏曾玉、谢健:《区域品牌建设探讨——温州案例研究》,《中国工业经济》2003 年第 10 期。

④ 参见李新权:《基于产业集群的区域品牌相关问题分析》,顾强主编:《中国产业集群》第 3 辑，机械工业出版社 2005 年版，第 22～27 页。

⑤ 参见孙丽辉:《区域品牌形成与效应机理研究》,人民出版社 2010 年版，第 135 页。

⑥ 参见石荣丽、刘迅:《企业集群升级中的区域品牌塑造分析》,《企业经济》2011 年第 5 期。

表 5-2　　　　中介机构行为因素测量量表

变量名	编号	问项	参考来源
中介机构	Med1	行业协会积极为会员企业提供相关服务	孙丽辉(2010)、顾立汉(2015)
	Med2	行业协会参与制定并推广行业标准	
	Med3	技术中介机构积极为集群企业提供相关技术	
	Med4	管理咨询机构积极为集群企业提供咨询服务	

5.1.1.3　金融环境

蔡莉和李雪灵(2003)认为金融环境是一个范围比较广的概念,在研究中涉及了金融机构、金融监督、金融市场、金融人才等方面。[①] 康伟和齐中英(2006)在研究中国金融环境对 FDI 的影响时,指出了金融环境的三个方面,即金融市场环境、金融服务环境和金融政策环境。[②] 孙丽辉(2010)认为金融环境主要是指投融资环境,体现在区域内部的资本支持、资金渠道来源、企业的信用体系、银行与企业的关系、政府管理等方面。[③] 本研究参考以上文献,设计了金融环境因素测量量表,具体测项见表 5-3。

---

① 参见蔡莉、李雪灵:《金融环境对风险投资的支撑作用分析》,《吉林大学社会科学学报》2003 年第 2 期。

② 参见康伟、齐中英:《中国金融环境对外商直接投资的影响》,《商业研究》2006 年第 7 期。

③ 参见孙丽辉:《区域品牌形成与效应机理研究》,人民出版社 2010 年版,第 128 页。

表 5-3　　金融环境因素测量量表

变量名	编号	问项	参考来源
金融环境	Fin1	集群所在区域金融服务体系比较完善	蔡莉和李雪灵（2003）、孙丽辉（2010）
	Fin2	集群所在区域金融机构为企业提供了方便快捷的服务	
	Fin3	集群内企业能以较低的代价吸引到风险投资	
	Fin4	集群企业创立名牌时得到了多方面的资金支持	

5.1.1.4　顾客特征

顾客是服务集群品牌价值提升的必要条件。由于服务产品具有不可分离性、不可储存性等特征，服务集群具有明显的目的地导向特征。也就是说，足够的市场容量和消费能力是集群发展的前提，更是服务集群品牌形成的前提。因此在服务集群品牌价值形成的过程中，一方面，为了使服务集群稳步发展，使集群企业实现价值，区域人口必须达到一定的数量，区域顾客必须具备较强的购买力；另一方面，品牌价值的实现依赖于顾客对品牌管理活动的理性认知和反馈，区域顾客成熟度需要达到一定的水平。根据以上分析，设计了顾客因素测量量表，具体测项见表 5-4。

表 5-4　　顾客特征因素测量量表

变量名	编号	问项	参考来源
顾客	Cus1	集群所在区域消费者购买力较强	顾立汉（2015）
	Cus2	集群所在区域人口密度较大	
	Cus3	集群所在区域消费者成熟度较高	

5.1.1.5　个体品牌价值

Aaker(1991,1996)的五维度品牌价值构成模型[①]、Keller(1993)的品牌知识模型(CBBE)[②]都是品牌价值研究领域的经典模型,它们都是从消费者的角度出发,以消费者的视角看企业品牌价值。世界品牌实验室(World Brand Lab)的品牌价值公式为:品牌价值=E·BI·S,其中 S 为品牌强度系数,包括领导地位、品牌认知度、品牌忠诚度、品牌管理、行业性质、外部支持、扩张能力以及品牌创新等要素。[③] 本研究设计的问卷是从企业的角度出发,是企业自我评价的品牌价值,问卷发放的对象是企业而不是消费者。参考现有文献,结合专家意见,本研究自行设计了个体品牌管理测量量表,具体测项见表 5-5。

表 5-5　个体品牌价值测量量表

变量名	编号	问项	参考来源
个体品牌价值	Ibv1	本企业品牌的市场地位较高	顾立汉(2015)
	Ibv2	本企业品牌产品市场占有率较高	
	Ibv3	本企业品牌的市场竞争力较强	
	Ibv4	本企业品牌的市场领导力较强	

5.1.1.6　个体品牌管理

服务集群品牌价值形成是服务集群相关主体行为共同作用的结果,但在这些主体中,集群企业是主要的参与者和中坚力量。企

① Aaker D. A., *Managing brand equity: Capitalizing on the value of a brand name*, Simon & Schuster, 1991; *Building Strong Brands*, Free Press, 1966.

② Keller K. L., "Conceptualizing, measuring, and managing customer-based brand equity," *The Journal of Marketing*, Vol. 57, No. 1(1993), pp. 1-22.

③ 参见世界品牌实验室:《中国最具价值 500 品牌评估报告 2011》,http://brand:icxo:com/brandmeeting/2011china500/,2012 年。

业个体品牌管理水平提高了，企业个体品牌价值就会得到相应的提升，作为个体品牌价值合集的集群品牌价值也随之提升。Keller(2003)认为服务品牌管理的过程中，品牌符号非常重要，能够使无形的服务有形化。① 瞿艳平(2006)认为，从品牌生命周期的视角看，可以将品牌管理分为调研、创建、定位、推广、维护、检测、更新和终结等阶段。② 徐立新(2007)在研究森林旅游产品品牌管理时，将品牌管理问题分为三个方面，即品牌创建、品牌传播和品牌维护。③ 借鉴以上文献的观点，本研究设计了个体品牌价值测量量表，具体测项见表 5-6。

表 5-6　　个体品牌管理测量量表

变量名	编号	问项	参考来源
个体品牌管理	Ibm1	本企业品牌定位清晰	Keller(2003)、瞿艳平(2006)、徐立新(2007)、顾立汉(2015)
	Ibm2	本企业品牌传播投入较高	
	Ibm3	本企业品牌表达鲜明、有特色	
	Ibm4	本企业品牌维护力度较大	

5.1.1.7　企业间信任

企业间信任的文献非常丰富，用来衡量企业间信任的维度也很多。能力是企业间信任的前提，Mayer 等(1995)在对信任前因

---

① Keller K. L., *Strategic Brand Management: Building, Measuring, and Managing Brand Equity*, Prentice Hall Upper Saddle River, 2003.

② 参见瞿艳平:《基于品牌管理的企业竞争力研究》，西北农林科技大学博士学位论文，2006 年。

③ 参见徐立新:《森林旅游产品品牌管理问题研究》，东北林业大学博士学位论文，2007 年。

的研究中发现，能力作为信任的前因是出现频率最高的因素之一。[①] 张延锋(2003)也认为能力是在选择信任对方时首要考虑的因素。[②] 信任也需要时间积累，长时间的成功交流也能产生信任。[③] 杨静(2006)研究了供应链内企业间信任的产生机制，提出了与信任有关的供应商的四个方面的特征，分别是能力、声誉、产品的重要性和对员工的信任。[④] 本研究结合以往文献，设计了企业间信任测量量表，具体测项见表 5-7。

表 5-7　　　　企业间信任测量量表

变量名	编号	问项	参考来源
企业间信任	Tru1	本企业对集群内其他企业的能力很有信心	Mayer、Davis 和 Schoorman (1995)、杨静 (2006)、顾立汉 (2015)
	Tru2	本企业很了解集群内其他企业	
	Tru3	本企业与集群内其他企业交流频繁、关系很好	

5.1.1.8　集群品牌认知相似度

Aaker(1996)认为品牌认知度反映品牌在消费者心目中的显

---

① Mayer R. C., Davis J. H., Schoorman F. D., "An integrative model of organizational trust," *Academy of Management Review*, Vol. 20, No. 3(1995), pp. 709-734.

② 参见张延锋:《战略联盟中信任、控制对合作风险的影响及其组合绩效研究》，西安交通大学博士学位论文，2003 年。

③ Dwyer F. R., Schurr P. H., Oh S., "Developing buyer-seller relationships," The Journal of Marketing, Vol. 51, No. 2(1987), pp. 11-27. Ganesan S., "Determinants of long-term orientation in buyer-seller relationships," *The Journal of Marketing*, Vol. 58, No. 2(1994), pp. 1-19.

④ 参见杨静:《供应链内企业间信任的产生机制及其对合作的影响》，浙江大学博士学位论文，2006 年。

著程度。[①] 范秀成等(2000)认为品牌认知是消费者记忆中关于品牌所有联想的总和。[②] 康庄和石静(2011)把品牌认知分为品牌形象认知和品牌价值认知。[③] 品牌形象认知是对品牌定位和品牌市场地位等外显的形态与整体形象等的可识别表征的判断或评估。品牌价值认知是指消费者对某品牌的产品实际使用中或者预期使用中能够获得的实际利益与满足程度的评估。多数学者都将品牌认知作为品牌资产的一个组成部分[④],从消费者的角度测度品牌认知。本研究所探讨的品牌认知是指服务集群内部企业对集群品牌的认知,借用了消费者品牌认知的概念,实际上差别较大。本研究参考以往文献,结合专家意见,设计了集群品牌认知相似度测量量表,具体测项见表 5-8。

表 5-8　　集群品牌认知相似度测量量表

变量名	编号	问项	参考来源
集群品牌认知相似度	Cog1	集群内企业都比较了解集群品牌的内涵	Aaker (1996)、顾立汉 (2015)
	Cog2	集群内企业都比较了解集群品牌的个性	
	Cog3	集群内企业对集群品牌的认知差异不大	

① Aaker D., "Measuring brand equity across products and markets," *California Management Review*, Vol. 38, No. 3(1996), pp. 102-120.

② 参见范秀成:《基于顾客的品牌权益测评:品牌联想结构分析法》,《南开管理评论》2000 年第 3 期。

③ 参见康庄、石静:《品牌资产,品牌认知与消费者品牌信任关系实证研究》,《华东经济管理》2011 年第 3 期。

④ Keller K. L., "Conceptualizing, measuring, and managing customer-based brand equity," *The Journal of Marketing*, Vol. 57, No. 1(1993), pp. 1-22. 参见于春玲、赵平、王海忠:《基于顾客的品牌资产模型实证分析及营销借鉴》,《中国高等学校学术文摘·工商管理研究》2008 年第 4 期。

5.1.1.9　任务性交互

Hoegl 和 Gemuenden(2001)给出了与团队协作质量有关的六个行为结构变量，即沟通、协调、成员贡献平衡、相互支持、努力程度和凝聚力[①]，前三个与任务性交互相联系，后三个与社会性交互相联系。魏江和胡胜蓉(2007)将任务性交互和社会性交互引入知识密集型服务业创新组织结构特征的实证研究，并按照沟通、协调、成员贡献平衡、相互支持、努力程度和凝聚力六个方面设计了调查问卷。[②] 本研究参照上述研究，设计了任务性交互测量量表，具体测项见表 5-9。

表 5-9　　任务性交互测量量表

变量名	编号	问项	参考来源
任务性交互	Tas1	集群成员之间信息交流及时、充分	Hoegl 和 Gemuenden (2001)、魏江和胡胜蓉(2007)
	Tas2	集群成员之间能够有效协调	
	Tas3	集群内每个成员都能通过自身能力为集群做贡献	

5.1.1.10　社会性交互

本研究参照 Hoegl 和 Gemuenden(2001)、魏江和胡胜蓉(2007)等文献，设计了社会性交互测量量表，具体测项见表 5-10。

---

① Hoegl M., Gemuenden H. G., "Teamwork quality and the success of innovative projects: A theoretical concept and empirical evidence," *Organization Science*, Vol. 12, No. 4(2001), pp. 435-449.

② 参见魏江、胡胜蓉：《知识密集型服务业创新范式》，科学出版社 2007 年版，第 309～311 页。

表 5-10　　　　社会性交互测量量表

变量名	编号	问项	参考来源
社会性交互	Soc1	集群成员尽可能的相互支持与帮助	Hoegl 和 Gemuenden(2001)、魏江和胡胜蓉(2007)
	Soc2	集群内每个成员都努力提升集群品牌价值	
	Soc3	集群具有很强的凝聚力	

5.1.1.11　服务集群品牌价值

在品牌价值测量中被引用最多的文献作者可能就是 Aaker (1991,1996)。[①] Aaker 于 1991 年提出了品牌价值构成模型,包含五个维度,即品牌知名度(brand awareness)、品牌联想(brand assoeiation)、品牌忠诚(brand loyalty)、感知质量(perceived quality)和其他品牌专有资产(other oroprietary brand assets),1996 年将上述五个维度细化为十项具体指标。Keller(1993)提出的品牌知识模型(CBBE),包含品牌认知和品牌形象两个主要维度。[②] Barnes 和 Mattsson(2008)研究了虚拟世界的品牌价值问题,将品牌价值分为三个方面,即情感价值、功能价值和逻辑价值,并给出了十个品牌价值测项。[③]

以往的品牌价值测量文献都是针对企业品牌的,多从消费者角度出发,关于服务集群品牌价值的测度没有给出完全吻合的量表。参考以上文献,本研究设计了服务集群品牌价值测量量表,具体测项见表 5-11。

---

① Aaker D. A. ,*Managing brand equity*: *Capitalizing on the value of a brand name*,Simon & Schuster,1991; *Building strong brands*,Free Press,1996.

② Keller K. L. ,"Conceptualizing, measuring, and managing customer-based brand equity,"*The Journal of Marketing*,Vol. 57,No. 1(1993),pp. 1-22.

③ Barnes S. , Mattsson J. ,"Brand value in virtual worlds: an axiological approach ,"*Journal of Electronic Commerce Research* (Online Edition), Vol. 9, No. 3 (2008),pp. 195-206。

表 5-11　　服务集群品牌价值测量量表

变量名	编号	问项	参考来源
服务集群品牌价值	Cbv1	集群品牌知名度较高	Aaker(1991,1996)、Barnes 和 Mattsson (2008)、顾立汉 (2015)
	Cbv2	集群品牌美誉度较高	
	Cbv3	集群品牌的竞争力较强	
	Cbv4	集群品牌成长性较好	
	Cbv5	集群品牌创新能力较强	

5.1.2　问卷方法的选择

问卷法是现代社会研究中最常用的资料收集方法，它是根据一定的调查目的，以严格设计的问卷为工具，向研究对象收集研究资料和数据的一种调查方法。随着社会科学研究方法和体系的不断完善，定量化研究逐渐普及，问卷研究方法逐渐成为社会科学领域的核心方法之一。[①] Babbie(2007)认为，满足以下三个条件才应该选择问卷调查法：一是以个体作为研究对象；二是样本总体数量太大，无法直接观察；三是为了测量态度。[②] 本研究基本满足 Babbie 所列的三个条件，因此本研究设计出“服务集群品牌价值形成机理调查问卷”，用以测量服务集群环境、服务集群个体品牌投入、服务集群企业关系投入、服务集群内成员间交互及服务集群品牌价值的影响关系。

从结构上看，本研究的调查问卷有三个部分组成，第一部分是问卷介绍，第二部分是问卷正文，第三部分是企业信息。问卷介绍

① 参见贾东琴、董伟：《问卷法在我国图书情报领域应用探讨——基于 458 篇样本的文献计量和内容分析》，《图书情报知识》2011 年第 5 期。

② Babbie E. R., *The Practice of Social Research*, Wadsworth Pub Co, 2007.

中列出了做问卷之前需要了解的两个基本概念，即“服务业集群”和“服务业集群”品牌。问卷正文分为五个部分，分别对应五个大类的变量，第一部分是服务集群品牌环境因素测量子问卷，第二部分是服务集群个体品牌投入因素子问卷，第三部分是服务集群企业关系投入因素子问卷，第四部分是服务集群内成员间交互测量子问卷，第五部分是服务集群品牌价值测量子问卷。企业信息主要涉及受访企业的成立年份、企业性质和主营业务所在行业领域。

在数据形式上，问卷正文采用七级李克特量表(Likert scale)，以受访者自评方式收集信息，从“1”到“7”分别表示完全不同意、不同意、有点不同意、一般、有点同意、同意、完全同意。

在对服务集群品牌价值影响因素研究的基础上，结合已有的相关文献，本研究设计了初始问卷。然后选择部分企业，针对问卷问题设计的合理性和问卷表述的清晰性进行了一次访谈和问卷发放测试，根据反馈的结果对初始问卷进行了修正，形成最终的正式调研问卷。

5.1.3 问卷修正

初始问卷中难免会出现各种各样的疏忽，诸如问题设置不当、重复，重要问题被遗漏，问句的提法不合理，措辞不当，等等，因此有必要选择部分对象进行小规模访谈，以便修正问卷。[①]

为达到修正问卷的目的，本研究选择了相关专业的 4 名博士生、5 名硕士生、相关服务企业的 3 名管理人员，共 12 人进行小规模访谈。他们就问卷的测项内容、问题设置、问句提法、语言修辞等方面提出了一些建议和意见。在小规模访谈的基础上，本研究

① 参见马庆国:《管理科学研究方法与研究生学位论文的评判参考标准》,《管理世界》2004 年第 12 期。

对初始问卷进行了修正。修正后的问卷包括 11 个变量 41 个测量问项，具体变量量表见表 5-12。

表 5-12　　修正后研究变量测量量表汇总

变量名	编号	问项	参考来源
政府行为	Gov1	地方政府能够为集群品牌发展制定长远战略	孙丽辉(2010)、顾立汉(2015)
	Gov2	地方政府积极建立和完善各种中介服务体系	
	Gov3	地方政府适时地进行政府管理体制改革	
	Gov4	地方政府及时制定保护服务集群品牌发展的法律法规	
	Gov5	地方政府大力发展和培育专业市场	
中介机构行为	Med1	行业协会积极为会员企业提供相关服务	孙丽辉(2010)、顾立汉(2015)
	Med2	行业协会参与制定并推广行业标准	
	Med3	技术中介机构积极为集群企业提供相关技术	
	Med4	管理咨询机构积极为集群企业提供咨询服务	
金融环境	Fin1	区域金融服务体系比较完善	蔡莉和李雪灵(2003)、孙丽辉(2010)
	Fin 2	区域金融机构为企业提供了方便快捷的服务	
	Fin 3	集群内企业能以较低的代价吸引到风险投资	
	Fin 4	集群企业创立名牌时得到了多方面的资金支持	
顾客特征	Cus1	区域顾客购买力较强	顾立汉(2015)
	Cus 2	区域人口密度较大	
	Cus 3	区域顾客成熟度较高	

续表

变量名	编号	问项	参考来源
个体品牌价值	Ibv1	本企业品牌的市场地位较高	顾立汉(2015)
	Ibv2	本企业品牌产品市场占有率较高	
	Ibv3	本企业品牌的市场竞争力较强	
	Ibv4	本企业品牌的市场领导力较强	
个体品牌管理	Ibm1	本企业品牌定位清晰	Keller(2003)、瞿艳平(2006)、徐立新(2007)、顾立汉(2015)
	Ibm2	本企业品牌传播投入较高	
	Ibm3	本企业品牌表达鲜明、有特色	
	Ibm4	本企业品牌维护力度较大	
企业间信任	Tru3	本企业对集群内其他企业的能力很有信心	Mayer 等(1995)、杨静(2006)、顾立汉(2015)
	Tru2	本企业很了解集群内其他企业	
	Tru3	本企业与集群内其他企业交流频繁、关系很好	
集群品牌认知相似度	Cog1	集群内企业都比较了解集群品牌的内涵	Aaker(1996a)、顾立汉(2015)
	Cog2	集群内企业都比较了解集群品牌的个性	
	Cog3	集群内企业对集群品牌的认知差异不大	
任务性交互	Tas1	集群成员之间信息交流及时、充分	Hoegl 和 Gemuenden(2001)、魏江和胡胜蓉(2007)
	Tas2	集群成员之间能够有效协调	
	Tas3	集群内每个成员都能通过自身能力为集群做贡献	

续表

变量名	编号	问项	参考来源
社会性交互	Soc1	集群成员尽可能的相互支持与帮助	Hoegl 和 Gemuenden (2001)、魏江和胡胜蓉 (2007)
	Soc2	集群内每个成员都努力提升集群品牌价值	
	Soc3	集群具有很强的凝聚力	
服务集群品牌价值	Cbv1	集群品牌知名度较高	Aaker (1991, 1996)、Barnes 和 Mattsson (2008)、顾立汉 (2015)
	Cbv2	集群品牌美誉度较高	
	Cbv3	集群品牌的竞争力较强	
	Cbv4	集群品牌成长性较好	
	Cbv5	集群品牌创新能力较强	

5.1.4　问卷前测

在 2012 年 4 月份，本研究在济南市选择了 20 个服务业集群，每个集群中选出 3 家企业，共发放 60 份问卷进行问卷的调试工作，回收有效问卷 49 份。利用 49 份有效问卷对量表的 41 个测量问项进行有效性分析，根据分析结果净化初始问卷的测量问项。修改后，本研究确定了最终使用的调研问卷(见附录 2)。

5.2　数据收集

5.2.1　调研对象

朱英明(2006)在对中国产业集群基本类型进行分析时，识别出中国产业集群的四个大类，分别是轻型制造业产业集群、重型制造业产业集群、建筑产业集群、服务业产业集群。[①] 魏江和顾强(2009)领衔的"中国产业集群发展报告"课题组认为中国目前存在五类产业集群，分别是轻型制造业产业集群、重型制造业产业集群、建筑产业集群、服务业产业集群、农产品加工业产业集群，并给出了2006年年末全国各主要省市产业集群发展规模统计资料。[②] 限于篇幅，本书仅节选了其中一部分数据(见表5-13)。

表5-13　全国各主要省市产业集群发展规模汇总表(部分)

地区	集群数量/个	集群内企业户数量/户	从业人员数/万人	销售收入/亿元	利润/亿元
海南	3	424	2.50	155.80	23.30
新疆	6	540	36.50	1895.40	548.80
广西	10	1508	15.37	617.12	29.34
云南	11	26268	26.98	1164.76	82.23
辽宁	19	10511	33.10	791.70	—
广东	64	101500	354.70	6122.94	449.88
湖北*	206	10700	136.03	4354.00	284.23
山东**	220	68000	454.70	10663.60	706.40
浙江***	601	308400	800.00	15826.00(总产值)	—

*以2006年销售收入超过10亿元统计；**以2005年销售收入超过5亿元统计；***以2005年销售收入超过1亿元统计。

① 参见朱英明:《中国产业集群分析》，科学出版社2006年版，第49页。

② 参见《中国产业集群发展报告》课题组编:《中国产业集群发展报告》，机械工业出版社2009年版，第78页。

显然，本书的样本总体是服务业产业集群，然而目前仍然没有服务业产业集群数量与区域分布的详细统计资料，从集群整体发展状况看，长三角地区、珠三角地区和环渤海地区是我国产业集群发展规模较大、较为成熟的地区。本研究的样本将主要来自上述三个区域。

根据研究主题和研究内容，本研究的基本调研对象应该是服务集群中服务企业的从业人员。鉴于研究主题的相对专业性和深入性，本研究对调研对象的选择也比较严格，必须满足以下三个条件：

(1)调研对象所在企业必须是服务类企业，且企业属于某个服务业集群；(2)调研对象对品牌有一定的认识，负责或接触过企业品牌管理事务；(3)调研对象必须是企业中高层管理者，对企业和企业所在服务集群品牌情况有所把握。

5.2.2　样本概况

调研以山东、广东、浙江、云南四省的服务业集群为主要目标，问卷填答人为服务企业管理层。我们首先通过各省政府和其他官方机构公布的资料获得服务业集群名单，然后再在每个集群中选择代表性企业。最后从山东、广东、浙江、云南四省选择了 140 个集群，每个集群选择 3 个代表性企业调查，共发放问卷 420 份。考虑到问卷质量和回收时间，对于省内的服务业集群，采用纸质问卷、专人调研的方式。省外的服务业集群，我们采取了与当地院校合作的方式，委托当地派专人调研，既保证了问卷调查的质量，也保证时间上的及时性。

本研究的调查时间为 2012 年 3～7 月，历时 5 个月。共回收问卷 390 份，回收率 92.86％。由于答题不完整、答案重复等原因删除问卷 17 份，最后得到有效问卷 373 份，问卷有效率 88.8％。问卷(有效问卷)调查企业基本信息见表 5-14。

表 5-14　　问卷调查企业信息汇总

企业信息		样本数	占总样本百分比(%)
企业性质	国有企业	10	2.68%
	民营企业	342	91.69%
	合资企业	15	4.02%
	外资企业	6	1.60%
企业主营业务所在行业领域	批发零售业	184	49.33%
	交通运输、仓储和邮政业	85	22.79%
	住宿和餐饮业	48	12.87%
	信息传输、软件和信息技术服务业	32	8.58%
	金融业	24	6.43%
服务集群所在地	山东省	213	57.10%
	广东省	96	25.74%
	浙江省	42	11.26%
	云南省	22	5.90%

5.3　数据分析与检验

5.3.1　描述性统计分析

描述性统计分析属于样本基本分析，一般包括各个观测变量的最小值、最大值、均值和标准差。使用 SPSS17.0 统计软件，计算得出本研究中 36 个计量指标的描述性统计结果，如表 5-15 所示：

表 5-15　　　　　计量指标的描述性统计分析

测项代码 / 统计指标	极小值	极大值	均值	标准差
Gov1	1.00	7.00	4.65	2.11
Gov2	1.00	7.00	4.43	1.60
Gov3	1.00	7.00	4.38	1.64
Gov4	1.00	7.00	5.16	1.48
Med1	1.00	7.00	4.70	1.79
Med2	1.00	7.00	4.49	1.77
Med3	1.00	7.00	4.92	1.69
Fin1	1.00	7.00	4.78	1.60
Fin2	1.00	7.00	4.78	1.61
Fin 3	1.00	7.00	4.46	1.59
Cus1	1.00	7.00	4.70	1.71
Cus2	1.00	7.00	5.22	1.78
Cus3	1.00	7.00	5.14	1.36
Ibv1	1.00	7.00	5.35	1.53
Ibv2	1.00	7.00	4.97	1.55
Ibv3	1.00	7.00	5.14	1.57
Ibv4	1.00	7.00	5.14	1.57
Ibm1	1.00	7.00	5.30	1.37
Ibm2	1.00	7.00	5.11	1.83
Ibm3	1.00	7.00	5.35	1.65
Ibm4	1.00	7.00	5.51	1.33

续表

统计指标 \ 测项代码	极小值	极大值	均值	标准差
Tru1	1.00	7.00	5.03	1.46
Tru2	1.00	7.00	5.08	1.72
Tru3	1.00	7.00	5.30	1.30
Cog1	1.00	7.00	4.73	1.39
Cog2	1.00	7.00	4.73	1.54
Cog3	1.00	7.00	4.32	1.47
Tas1	1.00	7.00	4.97	1.52
Tas2	1.00	7.00	4.92	1.38
Tas3	1.00	7.00	4.89	1.31
Soc1	1.00	7.00	5.08	1.38
Soc1	1.00	7.00	5.32	1.25
Soc1	1.00	7.00	4.89	1.39
Cbv1	1.00	7.00	5.65	1.18
Cbv2	1.00	7.00	5.49	1.12
Cbv3	1.00	7.00	5.62	1.34
Cbv4	1.00	7.00	5.22	1.08
Cbv5	1.00	7.00	4.92	1.42

5.3.2 探索性因子分析

5.3.2.1 探索性因子分析方法

探索性因子分析(Exploratory Factor Analysis,EFA)是一项

用来找出多元观测变量的本质结构并进行处理降维的技术。探索性因子分析起源于 20 世纪初，首先应用于对智力测验的统计分析。1904 年，英国心理学家 Charles Spearman 提出了单一化的智能因子（A Single Intellectual Factor）；随后，瑞典心理学家 Thurstone 提出了多元因子分析（Multiple Factor Analysis）理论，并在其著作《心智向量》（*The Vectors of the Mind*，1935）①中论述了多元因子分析理论的数学和逻辑基础。今天，探索性因子分析方法已广泛应用于教育学、心理学、经济学、管理学、医学、地理学等学科领域。

探索性因子分析法的步骤较多，一般认为应包含七个环节，分别是：(1)辨别、收集观测值；(2)计算协方差矩阵；(3)验证协方差矩阵；(4)因子提取；(5)因子旋转；(6)确定提取因子的个数；(7)解释提取的因子。其中较为重要的步骤是因子提取和因子旋转，因子提取的方法有主成分分析法和主因子分析法，大家普遍运用的方法是主成分分析法；因子旋转的方法主要有两种，即正交旋转法（Orthogonal Rotation）和斜交旋转法（Oblique Rotation）。正交旋转法也称为“方差最大化旋转法”（Varimax），相比斜交旋转，正交旋转法更容易实现。

在运用探索性因子方法之前，一般用 KMO 值和 Bartlett 球体检验两大指标来判断研究数据是否适合进行因子分析。就 KMO 值而言，大于 0.5 表示适合做因子分析，小于 0.5 表示不适合做因子分析。Bartlett 球体检验用于检验总体的相关系数矩阵是否是单位矩阵，如果 Bartlett 球体检验的卡方值之显著性概率小于等于 0，说明总体的相关系数矩阵不是单位矩阵，数据可以做因子分析。

---

① Thurstone L.，*The Vectors of the Mind*，The University of Chicago Press，1935.

如果观测变量的提出及其逻辑结构缺乏坚实的理论基础，应用探索性因子分析量化各因子与测项之间的关系，在大量初始题项中找到具有代表性的共同因子，从而达到降维的目的，也就是进一步找出问题的内在本质结构，使复杂的关系简单明朗化。基于探索性因子分析方法的适用性和本研究的需要，本研究在变量的探索性研究中选择探索性因子分析方法，同时，在提取因子时选择主成分分析法（Principle Component Analysis），因子旋转时选择方差最大旋转方式（Varimax）。本研究根据探索性因子分析旋转后的结果进行测项的筛选，依据 Lederer 和 Sethi（1991）①的研究，测项筛选一般有三条原则：第一条原则是测项在提取因子上的载荷要接近 1，在其他因子上的载荷接近 0；第二条原则是如果某个测项在两个以上因子上的载荷都大于 0.4，这个测项可以删除；第三条原则是测项在所提取因子上的载荷必须大于 0.5，在其他因子上的载荷小于 0.5，否则这个测项也要删除。本研究也遵循这些基本原则。

5.3.2.2　服务集群品牌环境因素的探索性因子分析

第一步，判断测量问项是否可以做因子分析，统计得到的 *KMO* 值为 0.664，Bartlett 球度检验的 *P* 值为 0.000，表明因子分析可行。第二步，运用方差最大正交旋转方法进行探索性因子分析，结果表明问卷的 13 个测量项目能够较好的被 4 个因子解释，累积贡献率达到 74.30%。具体结果如表 5-16 所示。

① Lederer A. L., Sethi V., "Critical dimensions of strategic information systems planning," *Decision Sciences*, Vol. 22, No. 1(1991), pp. 104-119.

表 5-16 服务集群环境因素因子分析结果(旋转后结果)

因子	测项	因子载荷			
		1	2	3	4
Gov	Gov1:能够为集群品牌发展制定长远战略	0.848	0.191	−0.144	−0.001
	Gov2:建立和完善各种中介服务体系	0.763	0.297	0.111	−0.050
	Gov3:适时地进行政府管理体制改革	0.713	−0.029	0.153	0.366
	Gov4:制定保护服务集群品牌发展的法律法规	0.549	0.162	0.472	0.084
Med	Med1:行业协会积极为会员企业提供相关服务	0.006	0.842	0.282	−0.050
	Med2:技术中介机构积极为集群企业提供相关技术	0.385	0.731	0.121	0.092
	Med3:管理咨询机构积极为集群企业提供咨询服务	0.270	0.819	0.303	−0.114
Fin	Fin1:区域金融服务体系比较完善	0.103	0.206	0.919	−0.088
	Fin2:区域金融机构为企业提供了方便快捷的服务	0.072	0.286	0.880	−0.022
	Fin 3:集群内企业能以较低的代价吸引到风险投资	−0.109	0.525	0.545	0.341

续表

因子	测项	因子载荷			
		1	2	3	4
Cus	Cus1：区域顾客购买力较强	0.219	−0.310	−0.093	0.769
	Cus 2：区域人口密度较大	0.054	0.106	0.073	0.776
	Cus 3：区域顾客成熟度较高	−0.588	0.235	−0.120	0.616

如表 5-16 所示，Gov1、Gov2、Gov3、Gov4 等 4 个测项较好地附着在因子 1 上，可以将因子 1 命名为“政府行为”，政府行为表示服务集群品牌价值形成过程中政府这一重要行为主体发挥作用的形式和途径。Med1、Med2、Med3 等 3 个测项较好地附着在因子 2 上，可以将因子 2 命名为“中介机构行为”，中介机构行为指的是以行业协会为代表的一些中介组织在服务集群品牌价值形成过程中发挥作用的方式。Fin1、Fin2、Fin3 等 3 个测项较好地附着在因子 3 上，可以将因子 3 命名为“金融环境”，金融环境表示金融体系、金融机构、金融服务等在服务集群品牌价值形成过程中的作用。Cus1、Cus2、Cus3 等 3 个测项较好地附着在因子 4 上，可以将因子 4 命名为“顾客特征”，顾客特征因子描述的是顾客特征对于服务集群品牌价值形成的影响。

5.3.2.3　个体品牌投入因素的探索性因子分析

第一步，判断测量问项是否可以做因子分析，统计得到的 *KMO* 值为 0.821，Bartlett 球度检验的 *P* 值为 0.000，表明因子分析可行。第二步，运用方差最大正交旋转方法进行探索性因子分析，结果表明问卷的 8 个测量项目能够较好的被 2 个因子解释，累积贡献率达到 62.44%。具体结果如表 5-17 所示。

表 5-17　个体品牌投入因素因子分析结果(旋转后结果)

因子	测项	因子载荷	
		因子 1	因子 2
Ibv	Ibv1:本企业品牌的市场地位较高	0.928	0.078
	Ibv2:本企业品牌产品市场占有率较高	0.837	0.132
	Ibv3:本企业品牌的市场竞争力较强	0.747	−0.054
	Ibv4:本企业品牌的市场领导力较强	0.811	0.143
Ibm	Ibm1:本企业品牌定位清晰	0.134	0.677
	Ibm2:本企业品牌传播投入较高	−0.201	0.754
	Ibm3:本企业品牌表达鲜明、有特色	0.190	0.822
	Ibm4:本企业品牌维护力度较大	0.064	0.720

如表 5-17 所示,Ibv1、Ibv2、Ibv3、Ibv4 等 4 个测项较好地附着在因子 1 上,可以将因子 1 命名为“个体品牌价值”,个体品牌价值指的是企业个体品牌价值体现的维度。Ibm1、Ibm2、Ibm3、Ibm4 等 4 个测项较好地附着在因子 2 上,可以将因子 2 命名为“个体品牌管理”,个体品牌管理表示企业个体品牌的管理水平。

5.3.2.4　关系投入因素的探索性因子分析

第一步,判断测量问项是否可以做因子分析,统计得到的 *KMO* 值为 0.622,Bartlett 球度检验的 *P* 值为 0.000,表明因子分析可行。第二步,运用方差最大正交旋转方法进行探索性因子分析,结果表明问卷的 6 个测量项目能够较好的被 2 个因子解释,累积贡献率达到 70.34%。具体结果如表 5-18 所示。

表 5-18　关系投入因素因子分析结果(旋转后结果)

因子	测项	因子载荷	
		1	2
Tru	Tru1:本企业对集群内其他企业的能力很有信心	0.846	0.272
	Tru2:本企业很了解集群内其他企业	0.787	−0.185
	Tru3:本企业与集群内其他企业交流频繁,关系很好	0.623	0.287
Cog	Cog1:集群内企业都比较了解集群品牌的内涵	0.226	0.800
	Cog2:集群内企业都比较了解集群品牌的个性	0.243	0.651
	Cog3:集群内企业对集群品牌的认知差异不大	−0.140	0.807

从表 5-18 可以看出,Tru1、Tru2、Tru3 等 3 个测项较好地附着在因子 1 上,可以将因子 1 命名为“企业间信任”,企业间信任指的是企业间信任关系的表现。Cog1、Cog2、Cog3 等 3 个测项较好地附着在因子 2 上,可以将因子 2 命名为“集群品牌认知相似度”,集群品牌认知相似度指的是服务集群企业对于集群品牌的认知一致性情况。

5.3.2.5　成员间交互的探索性因子分析

第一步,判断测量问项是否可以做因子分析,统计得到的 *KMO* 值为 0.760,Bartlett 球度检验的 *P* 值为 0.000,表明因子分析可行。第二步,运用方差最大正交旋转方法进行探索性因子分析，结果表明问卷的 6 个测量项目能够较好的被 2 个因子解释，累积贡献率达到 71.26%。具体结果如表 5-19 所示。

表 5-19　　成员间交互因子分析结果(旋转后结果)

因子	测项	因子载荷	
		1	2
Tas	Tas1：集群成员之间信息交流及时、充分	0.743	0.108
	Tas2：集群成员之间能够有效协调	0.882	−0.027
	Tas3：集群内每个成员都能通过自身能力为集群做贡献	0.854	0.044
Soc	Soc1：集群成员尽可能的相互支持与帮助	0.212	0.783
	Soc2：集群内每个成员都努力提升集群品牌价值	−0.281	0.733
	Soc3：集群具有很强的凝聚力	0.091	0.848

从表 5-19 可以看出，Tas1、Tas2、Tas3 等 3 个测项较好地附着在因子 1 上，可以将因子 1 命名为“任务性交互”，任务性交互指的是服务集群企业间与特定工作任务相关的相互联系和作用的特征。Soc1、Soc2、Soc3 等 3 个测项较好地附着在因子 2 上，可以将因子2 命名为“社会性交互”，社会性交互指的是服务集群企业间社会关系的特征。

5.3.2.6　集群品牌价值的探索性因子分析

第一步，判断测量问项是否可以做因子分析，统计得到的 *KMO* 值为 0.687，Bartlett 球度检验的 *P* 值为 0.000，表明因子分析可行。第二步，运用方差最大正交旋转方法进行探索性因子分析，结果表明问卷的 5 个测量项目能够较好的被 1 个因子解释，累积贡献率达到 73.70%。具体结果如表 5-20 所示。

表 5-20　集群品牌价值因子分析结果(旋转后结果)

因子	指标	因子载荷
		1
Cbv	Cbv1:集群品牌知名度较高	0.885
	Cbv2:集群品牌美誉度较高	0.920
	Cbv3:集群品牌的竞争力较强	0.610
	Cbv4:集群品牌成长性较好	0.780
	Cbv5:集群品牌创新能力较强	0.888

从表 5-20 可以看出,Cbv1、Cbv2、Cbv3、Cbv4、Cbv5 等 5 个测项较好地附着在 1 个因子上,这个因子可以命名为“集群品牌价值”,集群品牌价值指的是服务集群品牌价值表现的维度。

5.3.3　信度与效度分析

5.3.3.1　信度分析

信度(Reliability)指对同一事物(例如某一品牌的品牌价值)的重复测量结果的一致性程度,能够反映测量工具(即量表或调查问卷)的稳定性或可靠性,一般用信度系数表示。信度本身与测量结果的正确与否无关,包括稳定性以及一致性,它的用途在于检验测量本身是否稳定,常用 Cronbach'α 系数。Cronbach'α 系数与可信度的关系如表 5-21 所示。

表 5-21　　Cronbach'α 系数和可信度高低的关系①

Cronbach'α 系数	可信度
0.9≤α	非常理想(信度非常好)
0.8≤α<0.9	理想(甚佳,信度很好)
0.7≤α<0.8	佳
0.6≤α<0.7	尚佳
0.5≤α<0.6	可以接受,增加题项或修改语句
α<0.5	不理想,舍弃不用

同其他研究一样,本研究也是通过计算 Cronbach'α 系数来判断本研究测量量表的信度。如表 5-22 所示,本研究各个变量的信度系数均大于临界值 0.7,表明本研究量表的信度较高。

表 5-22　　变量的信度评价

变量	问项数	Cronbach'α
Gov	4	0.768
Med	3	0.838
Fin	3	0.850
Cus	3	0.794
Ibv	4	0.892
Ibm	4	0.801
Tru	3	0.687
Cog	3	0.758

① 参见于君英:《品牌价值的形象识别效应研究》,东华大学博士学位论文,2011 年。

续表

变量	问项数	Cronbach'α
Tas	3	0.866
Soc	3	0.824
Cbv	5	0.754

5.3.3.2 效度分析

效度(Validity)指的是测量的有效性,用以衡量测量工具或手段能够准确测出所需测量的事物的程度。效度分析包括内容效度(Face Validity)、结构效度(Construct Validity)、准则效度(Criterion Validity)三类,在科研论文中,较为常用的是内容效度分析和结构效度分析。

内容效度也称为"表面效度""逻辑效度",指的是测量内容与测量目标之间的匹配程度,就量表开发而言,是指所设计的题项能否代表所要测量的内容或主题。内容效度的高低主要依据研究设计人员的主观判断。本研究所选择的测量项目大部分来自于已有的文献资料,已经历过学者们的实证考察,其合理性、科学性较有保障,另一部分测量项目来自本研究对服务集群企业的访谈和相关专家的建议,因此,可以认为本研究的构造变量有较好的内容效度。

结构效度也被称为"建构效度",指的是测量结果体现出来的某种结构与测值之间的对应程度。通常用收敛效度和区别效度判别结构效度的优劣。收敛效度是指测量某个变量的多个测项在多大程度上反映了该变量的内涵以及变量与测项之间的紧密程度如何,紧密程度越高,说明收敛效度越好,问卷设计就越科学。区别效度是指测量某个变量的多个测项之间的相关性,测项之间相关性越低(通常为弱相关或负相关),说明测项区分度越好,重叠越少，问卷质量越高。

理论上讲，如果变量的平均提取方差值（Average Variance Extracted，AVE）大于 0.5，收敛效度较好；如果平均提取方差值（AVE）的平方根大于变量间的相关系数，区别效度较好。本研究的平均提取方差值（AVE）的平方根和变量间的相关系数如表 5-23所示，表中对角线上的数值是 AVE 的平方根，对角线左下方的数值为相关系数矩阵。从表 5-23 中可以看出，本研究的结构效度较好。

表 5-23　各变量间的相关系数与 AVE 的平方根

指标代码	Gov	Med	Fin	Cus	Ibv	Ibm	Tru	Cog	Tas	Soc	Cbv
Gov	0.670										
Med	0.449**	0.580									
Fin	0.243*	0.580**	0.520								
Cus	0.120*	0.171*	0.129*	0.600							
Ibv	0.373*	0.395*	0.389**	0.310*	0.620						
Ibm	0.362*	0.470**	0.511**	0.109*	0.792**	0.670					
Tru	0.135*	0.241*	0.111*	0.367*	0.445**	0.336*	0.710				
Cog	0.351*	0.218*	0.164*	0.141*	0.503**	0.467**	0.469**	0.650			
Tas	0.330*	0.102*	0.313*	0.529**	0.424**	0.251*	0.490**	0.356*	0.630		
Soc	0.277*	0.144*	0.524**	0.282*	0.448**	0.339*	0.250*	0.416*	0.699**	0.650	
Cbv	0.181*	0.100*	0.228*	0.220*	0.558**	0.313*	0.155*	0.308*	0.294*	0.322*	0.750

5.3.4　回归分析

5.3.4.1　回归结果

表 5-24 为理论模型的第一个回归系数表，表中 6 个模型的被解释变量均为服务集群品牌价值（Cbv）。

模型 1 考虑了环境因素、个体品牌投入因素和关系投入因素与服务集群品牌价值的关系，模型的解释变量为政府行为、中介机构行为、金融环境、顾客特征、个体品牌价值、个体品牌管理、企业间信任和集群品牌认知相似度。回归结果显示所有的解释变量对被解释变量服务集群品牌价值都有正向的影响，其中，个体品牌价值的影响最为显著，系数为 0.909，显著性水平为 1%；政府行为、个体品牌管理的影响次之，显著性水平为 5%；中介机构行为、金融环境、顾客特征、企业间信任和集群品牌认知相似度对服务集群品牌价值的影响较弱，显著性水平均为 10%。

模型 2 的解释变量为任务性交互。如果不考虑其他的因素，回归结果显示任务性交互对服务集群品牌价值有正向影响，显著性水平为 10%。

模型 3 的解释变量为社会性交互。如果不考虑其他的因素，回归结果显示社会性交互对服务集群品牌价值有正向影响，显著性水平为 10%。

模型 4 的解释变量为政府行为、中介机构行为、金融环境、顾客特征、个体品牌价值、个体品牌管理、企业间信任、集群品牌认知相似度和任务性交互。与模型 1 相比，模型 4 加入了 1 个解释变量：任务性交互。回归结果显示，所有的解释变量仍然与被解释变量都有正向的关系。但是，相比模型 1 的结果，顾客特征、企业间信任、集群品牌认知相似度等 3 个解释变量对服务集群品牌价值的影响很弱，显著性水平较差；个体品牌价值对服务集群品牌价值的影响减弱，显著性水平为 5%；政府行为对服务集群品牌价值的影响也减弱了，显著性水平为 10%，与中介机构行为、金融环境、个体品牌管理等 3 个变量相同。与模型 2 相比，任务性交互对服务集群品牌价值的正向影响有所增强，其显著性水平变为 5%。

模型 5 的解释变量为政府行为、中介机构行为、金融环境、顾客特征、个体品牌价值、个体品牌管理、企业间信任、集群品牌认知相似度和社会性交互。与模型 1 相比，模型 4 加入了 1 个解释变量：社会性交互。回归结果显示，所有的解释变量仍然与被解释变量都有正向的关系。但是,相比模型 1 的结果,顾客特征、企业间信任、集群品牌认知相似度等 3 个解释变量对服务集群品牌价值的影响很弱,显著性水平较差;个体品牌价值对服务集群品牌价值的影响减弱,显著性水平为 5%;政府对服务集群品牌价值的影响也减弱了,显著性水平为 10%,与中介机构行为、金融环境、个体品牌管理等 3 个变量相同。与模型 3 相比,社会性交互对服务集群品牌价值的正向影响有所增强,其显著性水平变为 5%。

模型 6 的解释变量为政府行为、中介机构行为、金融环境、顾客特征、个体品牌价值、个体品牌管理、企业间信任、集群品牌认知相似度、任务性交互和社会性交互。与模型 1 相比,模型 4 加入了 2 个解释变量:任务性交互和社会性交互。回归结果显示,所有的解释变量仍然与被解释变量都有正向的关系。但是,相比模型 1 的结果,顾客特征、企业间信任、集群品牌认知相似度等 3 个解释变量对服务集群品牌价值的影响很弱,显著性水平较差;个体品牌价值对服务集群品牌价值的影响减弱,显著性水平为 5%;政府对服务集群品牌价值的影响也减弱了,显著性水平为 10%,与中介机构行为、金融环境、个体品牌管理等 3 个变量相同。与模型 2 相比,任务性交互对服务集群品牌价值的正向影响有所增强,其显著性水平为 5%。与模型 3 相比,任务性交互对服务集群品牌价值的正向影响有所增强,其显著性水平为 5%。

表 5-24　　回归系数表 1

	模型 1		模型 2		模型 3		模型 4		模型 5		模型 6	
解释变量	标准化估计值	P 值	标准化估计值	P 值	标准化估计值	P 值	标准化估计值	P 值	标准化估计值	P 值	标准化估计值	P 值
Gov	0.204**	0.025					0.173*	0.053	0.188*	0.052	0.145*	0.069
Med	0.163*	0.040					0.242*	0.065	0.266*	0.070	0.238*	0.059
Fin	0.192*	0.080					0.201*	0.087	0.217*	0.083	0.226*	0.097

续表

	模型 1		模型 2		模型 3		模型 4		模型 5		模型 6	
解释变量	标准化估计值	*P* 值	标准化估计值	*P* 值	标准化估计值	*P* 值	标准化估计值	*P* 值	标准化估计值	*P* 值	标准化估计值	*P* 值
Cus	0.156*	0.057					0.042	0.184	0.050	0.175	0.049	0.194
Ibv	0.909***	0.004					0.933**	0.015	0.920**	0.013	0.973**	0.018
Ibm	0.450**	0.013					0.430*	0.522	0.533*	0.520	0.436*	0.527
Tru	0.121*	0.081					0.096	0.195	0.136	0.274	0.087	0.202
Cog	0.128*	0.097					0.130	0.117	0.123	0.155	0.105	0.186
Tas			0.294*	0.077			0.207**	0.038			0.204**	0.036
Soc					0.287*	0.052			0.284**	0.050	0.313**	0.047
R^2	0.403		0.287		0.204		0.404		0.401		0.408	
调整后的 R^2	0.233		0.261		0.178		0.206		0.205		0.279	
F 值	2.365** (0.044)		3.323* (0.077)		4.048* (0.052)		2.035* (0.074)		2.033* (0.075)		2.783* (0.085)	
VIF 值	3.924						3.954		3.226		3.134	

$^{*}P<0.1$，$^{**}P<0.05$，$^{***}P<0.01$.

表 5-25 为理论模型的第二个回归系数表，表中 2 个模型的解释变量为政府行为、中介机构行为、金融环境、顾客特征、个体品牌价值、个体品牌管理、企业间信任、集群品牌认知相似度，被解释变量分别为任务性交互和社会性交互。

模型 7 的结果表明，所有解释变量对任务性交互都有正向影响，但影响的大小各不相同。政府行为、中介机构行为、顾客特征、企业间信任、集群品牌认知相似度等 5 个变量对任务性交互的影响较强，显著性水平为 5%；金融环境对任务性交互的影响较弱，显著性水平为 10%；个体品牌价值、个体品牌管理对任务性交互的影响不显著。

模型 8 的结果表明，所有解释变量对社会性交互都有正向影响，但影响的大小各不相同。中介机构行为对社会性交互的影响最为显著，系数为 0.669，显著性水平为 1%；金融环境、顾客特征、企业间信任、集群品牌认知相似度等 4 个变量对社会性交互的影响较强，显著性水平为 5%；政府行为对社会性交互的影响较弱，显著性水平为 10%；个体品牌价值、个体品牌管理对社会性交互的影响不显著。

表 5-25　　回归系数表 2

	模型 7(被解释变量:Tas)		模型 8(被解释变量:Soc)	
解释变量	标准化估计值	P 值	标准化估计值	P 值
Gov	0.313**	0.046	0.165*	0.095
Med	0.392**	0.027	0.669***	0.001
Fin	0.314*	0.085	0.377**	0.046
Cus	0.323**	0.050	0.482**	0.016
Ibv	0.113	0.651	0.306	0.241
Ibm	0.141	0.575	0.267	0.305
Tru	0.321**	0.047	0.541**	0.020
Cog	0.658**	0.018	0.370**	0.011
R^2	0.561		0.534	
调整后的 R^2	0.435		0.401	
F 值	4.465*** (0.001)		4.016*** (0.003)	
VIF 值	3.487		3.195	
* $P<0.1$，** $P<0.05$，*** $P<0.01$.				

5.3.4.2　假设验证

基于研究的实际情况，借鉴一般实证研究的惯例，本研究对假设关系成立采取以下检验标准:(1)若回归系数的显著性水平在5%以上,认为假设成立;(2)若回归系数的显著性水平在5%~10%之间,认为假设部分成立;(3)若回归系数的显著性水平在10%以下,认为假设不成立。根据上述三条标准,本研究的假设验证结果如表5-26所示。

表5-26　研究假设验证结果

假设编号	假设内容	验证结果
H1	政府行为对服务集群品牌价值有显著正向影响	支持
H2	中介机构行为对服务集群品牌价值有显著正向影响	部分支持
H3	金融环境对服务集群品牌价值有显著正向影响	部分支持
H4	顾客特征对服务集群品牌价值有显著正向影响	部分支持
H5	个体品牌价值对服务集群品牌价值有显著正向影响	支持
H6	个体品牌管理对服务集群品牌价值有显著正向影响	支持
H7	企业间信任对服务集群品牌价值有显著正向影响	部分支持
H8	集群品牌认知相似度对服务集群品牌价值有显著正向影响	部分支持
H9	任务型交互行为对服务集群品牌价值有显著正向影响	部分支持
H10	社会型交互行为对服务集群品牌价值有显著正向影响	部分支持

续表

假设编号	假设内容	验证结果
H11a	政府行为对服务集群成员间任务性交互行为有显著正向影响	支持
H11b	政府行为对服务集群成员间社会性交互行为有显著正向影响	部分支持
H12a	中介机构行为对服务集群成员间任务性交互行为有显著正向影响	支持
H12b	中介机构行为对服务集群成员间社会性交互行为有显著正向影响	支持
H13a	金融环境对服务集群成员间任务性交互行为有显著正向影响	部分支持
H13b	金融环境对服务集群成员间社会性交互行为有显著正向影响	支持
H14a	顾客特征对服务集群成员间任务性交互行为有显著正向影响	支持
H14b	顾客特征对服务集群成员间社会性交互行为有显著正向影响	支持
H15a	个体品牌价值对服务集群成员间任务性交互行为有显著正向影响	不支持
H15b	个体品牌价值对服务集群成员间社会性交互行为有显著正向影响	不支持
H16a	个体品牌管理对服务集群成员间任务性交互行为有显著正向影响	不支持
H16b	个体品牌管理对服务集群成员间社会性交互行为有显著正向影响	不支持
H17a	企业间信任对服务集群成员间任务性交互行为有显著正向影响	支持
H17b	企业间信任对服务集群成员间社会性交互行为有显著正向影响	支持

续表

假设编号	假设内容	验证结果
H18a	集群品牌认知相似度对服务集群成员间任务性交互行为有显著正向影响	支持
H18b	集群品牌认知相似度对服务集群成员间社会性交互行为有显著正向影响	支持

5.4 实证结果解释

5.4.1 服务集群品牌环境因素与集群品牌价值形成

服务集群环境因素包括政府行为、中介机构行为、金融环境和顾客特征四个变量。四个变量中政府行为对服务集群品牌价值的正向影响最大，显著性水平为5%，其他三个变量对服务集群品牌价值的正向影响稍弱一些，显著性水平为10%。

孙丽辉(2010)认为政府是区域(集群)品牌建设和管理的主体，也是集群品牌创建的主要推动力量。① 现阶段，政府仍然是我国市场经济运行中非常重要的行为主体，在服务集群品牌价值形成过程中，政府扮演着重要的角色，例如制定服务集群品牌发展战略规划、集群品牌发展的配套设施建设、维护公平公正的市场环境等。

在服务集群品牌价值形成过程中，中介机构行为也是不可或缺的中坚力量。中介机构包括多种类型，诸如行业协会(商会)、技术中介机构、管理咨询机构等。行业协会(商会)具有信息服务、行

① 参见孙丽辉:《区域品牌形成与效应机理研究》，人民出版社2010年版，第258页。

业自律、协调关系、区域营销等功能，其信息服务功能表现在为服务集群企业提供人力资源信息、推广行业经验、提供专业指导等。其行业自律功能表现在制定行业标准和规则、规范同业竞争、集群权益维护等；其协调关系功能表现在行业协会（商会）可以作为服务集群的代言人，同与服务集群有利益关系的相关方讨价还价，将服务集群的利益诉求明确表达；其区域营销功能表现在行业协会（商会）可以组织服务集群企业开展统一的集群品牌营销活动，牵头举办会展、文化节等推广活动，为培育服务集群品牌、提升服务集群品牌价值服务。技术中介机构为服务集群企业提供相关技术服务，加速了集群创新和集群品牌创新的步伐。管理咨询机构为服务集群发展提供具有可操作性的方案和建议，提高了服务集群企业管理水平。

金融环境包括投融资环境、信用环境和政府金融相关政策等方面。服务集群发展和服务集群品牌价值的形成离不开资金的支持。良好的金融环境既可以提高服务企业的投融资效率，节约成本，还可以减少企业间交易的费用和风险。顾客特征包括区域人口密度、顾客购买力和顾客成熟度三个方面。顾客是服务集群和服务企业发展的根本动力，也是企业品牌建设和集群品牌建设的根本原因。顾客特征直接影响服务集群发展的规模、速度，影响服务集群品牌建设的效果，影响服务集群企业间的关系。因此，金融环境和顾客特征两个变量都对服务集群品牌价值形成有较为显著的影响。

5.4.2　服务集群个体品牌投入因素与集群品牌价值形成

服务集群个体品牌投入因素包括个体品牌价值和个体品牌管理两个变量。回归的结果表明，这两个变量对服务集群品牌价值都有正向影响，而且显著性水平较高，个体品牌价值为 1%，个体品牌管理为 5%。

简而言之，服务集群品牌价值表现为服务集群企业经过长期发展积累起来的产业或主导产品的良好声誉、培养起来的在品牌管理方面的能力，包括知名度、美誉度、品牌创新能力、品牌竞争力等。服务集群品牌价值是服务集群企业共同努力的结果，它在微观层面的支撑点就是个体品牌价值和个体品牌管理。因为集群企业植根于服务集群之中，个体品牌价值不仅在微观层面上代表着企业品牌或企业产品品牌的良好声誉，而且在宏观层面上也代表着服务集群的声誉。服务集群品牌价值和集群企业个体品牌价值息息相关，“一荣俱荣，一损俱损”。因此，个体品牌价值与集群品牌价值有显著的正向相关关系，表现在统计结果上就是回归的系数较大，显著性水平较高。

服务集群品牌价值的形成也离不开品牌管理，与一般品牌管理一样，包括品牌定位、品牌传播、品牌表达、品牌维护等诸方面。集群品牌具有“公共物品”特征，其主要所有人就是集群内的企业，因而集群品牌的定位、传播、表达、维护等活动的主要完成者就是集群内的个体企业。可以想见，个体品牌管理水平越高，企业管理集群品牌的水平也就越高，集群品牌价值也随之提升。因而个体品牌管理能够较为显著地影响服务集群品牌价值形成。

5.4.3 服务集群企业关系投入因素与集群品牌价值形成

服务集群企业关系投入因素包括企业间信任和集群品牌认知相似度两个变量。回归的结果表明，这两个变量对服务集群品牌价值都有正向影响，但是显著性水平较低，均为10%。

企业间信任可以减少企业间交易的确定性，降低交易风险和成本。较高的企业间信任水平一方面有利于服务集群企业间的交易和合作，另一面有利于企业间资源的流动和知识的溢出。服务集群品牌价值是集群企业品牌塑造行为共同作用的结果，信任导致的和谐关系会增强企业在品牌营销行为上的一致性和协调性，更容易形成合力，从而提升集群品牌价值；信任带来的频繁沟通会加速集群内部知识扩散的速度，提高企业创新和品牌创新能力，进一步影响服务集群品牌价值。集群品牌认知相似度是服务集群内部企业对于集群品牌的认知，主要是指服务集群企业对服务集群品牌内涵和个性的了解情况。集群品牌认知相似度越高，说明服务集群企业对服务集群品牌的内涵和个性的认识越一致。服务集群品牌价值是集群企业个体行为的外在整体表现，较高的集群品牌认知相似度使企业行为的一致性增强，更容易形成推动集群品牌价值的合力。因此，企业间信任、集群品牌认知相似度与服务集群品牌价值形成存在较为显著的正向关系。

5.4.4　服务集群成员间交互与集群品牌价值形成

服务集群成员间交互包括任务性交互和社会性交互两个变量。回归的结果表明，这两个变量对服务集群品牌价值都有正向影响，但是显著性水平较低，均为 10%。

任务性交互具体是指沟通、任务协作以及成员贡献平衡等方面。服务集群内部成员间有效的沟通使信息传递流畅、迅捷，不仅使服务集群协调成本降低，而且十分有利于知识的扩散和传播，加速了集群内部创新扩散的步伐，为服务集群品牌创新和品牌价值提升提供了可能性。相对于集群外部的沟通而言，服务集群内部成员间的直接沟通能够有效地避免利用媒介间接沟通导致的信息传递失真，保证任务完成的及时性和准确性。成员间的任务协作主要表现为协调。服务集群主体的多元化使协调变得复杂、重要，在具有上下游关系的服务集群中尤其如此。集群品牌是集群绩效的外在表现，有效的协调能够保证掌握不同知识和资源的主体在集群层面上达成高度的相互协作，保证任务的顺利完成，这对于维护集群品牌形象、提升集群品牌价值十分重要。Hoegl(2001)认为成员贡献平衡指的是各成员都有机会各展所长。[1] 服务集群每个个体都具备某种专业知识和技能，有其存在的合理性，在集群品牌价值提升的过程中，如果能让每个个体都发挥其特长，竭力为集群服务，品牌价值提升过程会顺利得多。

社会性交互行为包含相互支持、凝聚力以及努力程度。服务集群成员间的相互支持可以提高集群整体效率，维护良好的集群品牌形象；可以形成良好的集群合作氛围，增强集群的吸引力；还可以保持服务集群内部个体间良好的合作关系，减少不必要的冲突和内耗。凝聚力是指群体成员之间为实现群体活动目标而实施团结协作的程度。服务集群凝聚力越高，每个成员对集群品牌的认同度越强，越愿意为集群品牌价值建设服务；服务集群凝聚力越高，越能够规避集群成员个人理性与集体理性的冲突，减少损人利己、损人不利己的现象，避免"公地悲剧"发生在集群品牌上，使集群品牌形象得以保持，集群品牌价值得以提升。努力程度是指成员是否为集体任务竭尽全力。努力程度对团队协作质量至关重要，努力程度高，说明集体当中的每一个个体都不遗余力地为集体目标努力，在成员知识技能水平和能力一定的情况下，较高的努力程度将会带来较好的团体绩效。服务集群品牌价值建设过程同样如此，如果每个集群成员的努力程度都很高，那么可以预期品牌价值提升效果将更显著。

因此，任务性交互、社会性交互两个变量与服务集群品牌价值形成有正向影响，模型 2 和模型 3 的实证结果证明了这种正向关系。同时，回归的系数和显著性表明，上述正向关系在不考虑其他变量的时候并不是十分明显，其原因主要是因为任务性交互、社会

---

① Hoegl M., Gemuenden H. G., "Teamwork quality and the success of innovative projects: A theoretical concept and empirical evidence," *Organization Science*, Vol. 12, No. 4(2001), pp. 435-449.

性交互主要是衡量微观层面企业间的相互联系和作用。

5.4.5　服务集群成员间交互在集群品牌价值形成中的中介作用

模型 1 将服务集群成员间交互排除在服务集群品牌价值形成的因素之外，回归的结果表明，政府行为、中介机构行为、金融环境、顾客特征、个体品牌价值、个体品牌管理、企业间信任和集群品牌认知相似度等变量对服务集群品牌价值都有正向影响，并且显著性水平都在 10%以上。模型 4、模型 5、模型 6 在保留模型 1 的解释变量的同时，引入了任务性交互与社会性交互两个变量，结果导致变量的系数和显著性发生了变化。除中介机构行为和金融环境两个变量外，其他变量的系数和显著性水平都有所下降，其中顾客特征、企业间信任和集群品牌认知相似度三个变量的显著性水平降到了 10%以下，说明在引入服务集群成员间交互因素后，其他因素对服务集群品牌价值的正向影响有所减弱。然而，比较模型 2、模型 3 和模型 6，我们可以看出，任务性交互和社会性交互的系数和显著性水平明显上升。

这种统计结果的变化说明任务性交互和社会性交互在服务集群品牌价值形成过程中承担了中介作用。具体而言，在顾客特征、企业间信任、集群品牌认知相似度三个变量与服务集群品牌价值的关系中，任务性交互和社会性交互发挥了完全中介作用，也就是说，顾客特征、企业间信任、集群品牌认知相似度直接作用于集群内企业，它们对服务集群品牌价值的影响必须通过集群成员间交互实现。在政府行为、个体品牌价值、个体品牌管理三个变量与服务集群品牌价值的关系中，任务性交互和社会性交互发挥了部分中介作用，意味着政府行为、个体品牌价值、个体品牌管理三个变量对服务集群品牌价值的影响有部分要通过集群成员间交互实现。在中介机构行为、金融环境与服务集群品牌价值的关系中，任务性交互和社会性交互的中介作用不明显。

第6章 服务集群品牌价值提升策略

6.1 政府角度的策略

从研究假设验证结果(见表5-26)中可以看出,有关政府行为的三个假设都得到了实证研究数据的支持,即政府行为对服务集群品牌价值有显著正向影响、政府行为对服务集群成员间任务性交互行为有显著正向影响、政府行为对服务集群成员间社会性交互行为有显著正向影响。

服务集群品牌由地名和当地优势服务业结合形成,既是区域服务业竞争力的外在体现,也是区域经济综合实力的重要表征。知名的服务集群品牌将为集群产品带来较高的市场占有率、附加值和利润率。服务集群品牌拥有强大的影响力和号召力,其辐射功能和磁场效应明显。服务集群品牌发展的实践表明,知名服务集群品牌能够吸引更多的资金、技术、信息和优秀人才等经济要素,促进区域经济体的繁荣和发展;同时,服务集群品牌可以显著提升区域服务企业的形象,增强区域内企业个体的竞争力,降低营销成本,扩大市场份额。服务集群品牌的培育和成长,需要企业、集群和行业协会共同努力,同时也需要政府转变观念、提高对服务集群品牌的认识,确立服务集群品牌所围绕的主导产业并制定具体的发展战略,为服务集群品牌的发展提供交通、通信等基础设施和其他公共物品；切实转变政府服务职能，提高办事效率，为服务集群品牌的发展提供必要指导；营造良好的创新环境与氛围，以及“诚实守信、公平竞争”的市场环境和社会文化氛围。

第一，制定科学的服务集群品牌发展战略。

服务集群品牌的培育和发展具有其一定的规律，区域政府在指导区域服务业集群品牌建设实践的时候应该制定科学的服务集群品牌发展战略，进行适当的引导。首先要把握全局，协调发展。服务集群品牌战略应与区域经济发展的整体战略吻合，助力区域整体经济实力提升；服务集群品牌战略应与区域产业结构升级方向一致，服务区域产业整体布局。其次要立足经济发展现状，循序渐进。应根据本地区经济发展现状，制定切实可行的服务集群品牌总体战略和阶段性战略，拟定力所能及的发展目标，避免好高骛远，一事无成。最后要因地制宜，特色优先。服务集群品牌的发展一定要立足于本地区特色优势服务业，早期力求“少而精”，围绕本地区具备一定基础的主导服务业，制定本地区服务集群品牌发展战略。

第二，为服务集群品牌的发展提供公共物品。

从所属关系上讲，经济学意义上的公共物品是相对于私人物品而言的，具有非竞争性、非排他性特征，不能完全依靠市场力量实现有效供给和配置。基于市场行为主体逐利性的假设，公共物品的供给通常面临供不应求的局面。然而公共物品是市场经济体系流畅运行必不可少的组成部分，因此，公共物品提供的责任就自然而然地落在政府的肩上。服务集群品牌发展的过程中，不仅需要交通、通信等基础设施，还需要诚信规范的市场环境、科学合理的宏观经济政策、良好的金融环境，这些都必须依靠政府行为。因此，从政府层面看，为服务集群品牌的发展提供公共物品是应该采取的重要策略。

第三，充分发挥宏观指导和微观服务功能。

政府在服务集群品牌价值提升中的职能主要包括三个方面：一是宏观调控职能。政府要对服务集群品牌发展的大方向进行把握，包括选择优先发展的服务业类别，为服务集群品牌建设制定发展规划，在整个区域内合理布局、协调发展；政府要维护公平有序的市场环境，严厉制止和惩罚不道德市场行为、不正当竞争行为。二是中介服务职能。政府利用行政平台，牵头搜索、分析、整合和发布有关服务业创新、行业发展、科研技术等方面的信息；政府利用宏观经济的力量，为服务业集群谋求更大的发展空间；整合区域内的各种资源，为服务集群品牌建设提供金融、技术、管理支持。三是资源配置职能。构建有利于经济要素流动的体制，加速服务业集群区域内人才、资金、技术等要素的流动；制定相对于其他区域具有竞争力的要素报酬制度，为服务集群品牌发展吸引资源；建立和完善各种相关中介组织，为资源优化配置提供平台。

在服务集群品牌价值提升的过程中，一方面要加强政府职能建设，另一方面要实现政府职能的转变。首先，政府职能应从指令为主到引导为主。从战略高度把握服务集群品牌发展的大方向，从全局上进行适当的引导和规范，具体问题上多放手，以市场调节为主。其次，实现政府职能的法制化。政府的行政权力来源于法律的明确授权，也就是说，凡是法律没有明文规定授予的权力都应该杜绝。因此，政府必须严格按照法律的规定行使行政权力，行政立法的内容不得与法律相抵触。

第四，培育适宜服务集群品牌成长的软环境。

软环境是相对硬环境而言的一个概念，它是指物质条件以外的诸如政策、文化、制度、法律、思想观念等外部因素和条件的总和。为加快服务集群品牌价值提升的进程，政府在软环境的建设方面应做到以下两个方面：一是建设有利于服务集群品牌成长的舆论环境。互联网时代的到来，使媒体的导向作用和舆论的监督作用无限放大。在服务集群品牌建设的过程中，政府应充分利用大众传媒，打造集群品牌形象，开展服务集群品牌营销；充分利用舆论的监督作用，规范集群企业行为，提升集群整体形象，规范市场竞争行为，打击假冒伪劣。二是培育适宜服务集群品牌成长的人文环境。简而言之，人文环境就是人们周围的社会大环境，包括人们共同的态度、观念、信仰系统等。在服务集群品牌建设的过程中，政府应该对集群区域人文环境进行有意识的引导和塑造，通过组织有关服务集群企业、产品和品牌的集体活动，宣传服务集群品牌形象，使服务集群品牌深入人心。

6.2　中介机构角度的策略

实证研究的结果表明，假设 H2 得到了部分支持，即中介机构对服务集群品牌价值有一定的正向影响，假设 H12a、H12b 得到了支持，即中介机构行为对服务集群成员间任务性交互行为有显著正向影响，中介机构行为对服务集群成员间社会性交互行为有显著正向影响。因此，为提升服务集群品牌价值，必须充分发挥中介机构的桥梁纽带作用。从服务集群品牌价值角度，中介机构在以下几方面应有所作为。

第一，为服务集群品牌发展消除外部风险。

经济全球化的浪潮席卷全世界，中国企业不得不直面世界一流对手的冲击，中国市场的竞争日趋激烈。在白热化的市场竞争中，服务集群品牌面临各种各样的外部风险。第一类外部风险是宏观环境风险。宏观环境风险来自政治、经济、社会、科技等方面。服务集群企业在面临宏观环境风险时，显得势单力孤，这时候就需要有中介机构牵头，将分散的企业力量集合起来，共同挽救服务集群品牌。例如，中介机构可以作为服务集群品牌的代言人，成为品牌和政府之间关系的桥梁，积极参政议政，维护服务集群品牌的整体利益;当发生贸易纠纷时,中介机构可以作为服务集群品牌的代表参与国际博弈,为服务集群企业谋利益。第二类外部风险是行业变动风险。行业变动风险可能来自于行业发展周期、消费者偏好的变化、行业技术水平等方面。对于服务集群品牌而言,行业风险的影响是致命的。因此,迫切需要未雨绸缪,为服务集群和服务集群品牌发展作出长远规划,尽量规避潜在的行业风险。中介机构,尤其是行业协会,就是引领行业发展的中坚力量。第三类外部风险是市场竞争风险,比如市场模仿等。服务集群内的个别企业在权衡收益、成本后往往发现维权行动得不偿失。此时,中介机构可以作为服务集群品牌的代言人,维护集群品牌这一公共产品的权益。第四类外部风险是公共关系风险。互联网的高速发展,使信息传播的速度大大加快。服务集群品牌的微小疏忽和纰漏都可能被无限放大,因此,非常有必要建立专门中介机构,时刻关注服务集群品牌的公众口碑,遇到问题,及时采取补救措施,维护品牌形象。

第二,规范内部行为,塑造服务集群品牌良好形象。

服务集群品牌具有明显的公共物品特征,服务集群内部企业很容易产生“搭便车”心理。基于利益至上的假设,“背靠大树好乘凉”,企业只有借助服务集群品牌谋取短期利益的想法,缺乏为服务集群品牌锦上添花的打算。因此,必须借助企业以外的力量,规范服务集群内部企业个体的行为、这个力量就是中介机构。首先应该加强服务集群内部服务质量监督与管理,打击假冒伪劣。服务集群中每个企业的行为,每一次服务都带着服务集群的烙印,都影响着服务集群品牌价值,因而绝不能因为个别企业的短期利益,降低服务质量,损害消费者利益,使服务集群品牌蒙羞。其次是抵制低价竞销行为,维护市场秩序。服务集群内有些企业为了抢占市场份额,打压竞争对手,不惜采取低价竞销行为,这必然导致整个集群的低价竞销风潮,其最终结果必然是在成本的压力下偷工减料，降低产品质量，企业利润下降，缺乏创新动力，走进低技术低成本死胡同，服务集群品牌也因此湮没。因而，十分有必要借助中介机构的力量，抵制低价竞销的短期行为，保证服务质量，提升服务集群品牌价值。

第三，提供信息服务，助力服务集群品牌价值提升。

知识经济时代来临，知识和信息在品牌发展和品牌竞争中的重要性日益加强。服务品牌价值的提升也离不开中介机构搭建的信息平台，具体而言，中介机构应提供以下几个方面的信息服务：一是市场信息服务。市场信息的内涵非常丰富，仅就狭义层面而言，市场信息至少包括商品信息、消费者信息、销售渠道信息、竞争对手信息等方面。如果没有服务集群中介机构搭建的信息平台，由单个企业各自去搜集、整理、汇总这些信息，将是一件十分费时、费力、费钱的事情。二是技术与管理咨询服务。服务集群内的企业在发展的过程中难免会遇到各种各样的技术和管理难题，这些难题可能还具备一定的共性，集群中多数企业都曾遭遇到。服务集群内的专业中介机构将为企业提供有针对性的专业服务，除此之外，中介机构还可以定期组织人员进行技术和管理方面的培训，提高集群企业员工的专业素质，为服务集群品牌形象与价值提升添砖加瓦。三是服务集群品牌推广服务。服务集群品牌价值提升离不开服务集群品牌知名度、美誉度的提升，这些都需要品牌推广服务。作为服务集群公共物品的服务集群品牌没有具体的所有者，其推广任务只能落在政府和中介机构身上。中介机构可以组织、带领服务集群企业参加各种博览会、展销会、推介会、洽谈会，提高服务集群品牌的知名度；同时，中介机构可以为服务集群品牌设计品牌标识，挖掘品牌内涵，提高服务集群品牌的美誉度。

6.3 企业角度的策略

实证研究的结果表明，假设 H5、H6 均得到了支持，即个体品牌投入因素（个体品牌价值和个体品牌管理）对服务集群品牌价值有显著的正向影响。换句话说，企业个体行为对服务集群品牌价值提升的影响十分显著，可以从企业角度提出一些策略。

第一，让企业和服务集群品牌一起成长。

在服务集群品牌培育的过程中，我们必须首先认识到服务集群品牌价值提升归根到底是一类商业行为，服务集群品牌价值提升的最大受益者是企业。因此，服务集群企业应该是而且必须是服务品牌培育行为的主要参与者。

服务集群品牌是服务集群企业和服务集群产品的名片，它能够显著提升企业营销行为的正向效果，节约产品推广成本；服务集群品牌是服务集群企业和服务集群产品的保护伞，它能够显著提升集群企业和产品的竞争力，增强应对外来竞争和冲击的能力，使企业和产品长盛不衰；服务集群品牌是服务集群企业和服务集群产品的磁石，它能够为集群企业吸引到区域外的优质生产要素，降低企业的雇佣成本。总之，服务集群品牌对企业的正向影响十分显著，企业行为应以服务集群品牌整体利益为出发点，将服务集群品牌价值提升与企业自身发展相结合，树立“一损俱损，一荣俱荣”的意识，使服务集群品牌发展和企业发展并举。

第二，以企业品牌推动服务集群品牌。

从集群品牌发展的实际情况看，集群品牌发展大多从企业品牌发展开始，以知名企业品牌为基础和依托，遵循一般企业品牌—知名企业品牌—名牌群落—集群品牌的发展路径。比如美国加州的硅谷，拥有 IBM、苹果、英特尔、惠普等许多世界知名的品牌；中国“鞋都”温州，拥有康奈、奥康、红蜻蜓、吉尔达、意尔康、飞鸵等国内著名品牌。“名牌”具有较强的示范效应和磁场效应，一方面会掀起相邻企业争创名牌的热潮，另一方面会吸引众多相关企业来“扎堆”，最终形成服务业集群和服务集群品牌。李大垒(2007)的研究也表明，相比“覆盖”型集群品牌，有知名企业品牌作为依托的“依托型”集群品牌具有形成基础更加牢固、市场优势更强的特点。[①] 因此，在服务集群品牌价值提升的过程中，企业自身品牌建设也不可忽视。

企业应提升自身的品牌营销能力，努力打造企业品牌和服务名牌。首先，应提升企业管理者和员工的品牌意识。加大宣传力度，让品牌的力量深入人心；利用企业学习和培训机会，向企业员工灌输品牌观念；招聘具备品牌营销经验的优秀人才，树立模范和典型。其次，应加强企业内部管理，降低企业成本，提升服务质量，从根本上树立良好的企业和服务形象。服务品牌塑造的过程不是一蹴而就的，需要在长期和消费者接触的过程中坚持不懈、始终如一地提供优质服务。最后，成立品牌营销和推广的专门机构，从组织上为品牌培育工作提供保障。

---

① 参见李大垒:《农村产业集群品牌创建分析——基于浙江大唐袜业集群的调查》,《农业经济问题》2007 年第 2 期。

第 7 章　研究结论、局限与展望

7.1　研究结论

7.1.1　服务集群品牌价值影响因素

现有的集群品牌价值相关研究多为笼统的定性描述和分析，既没有理论说服力，也没有现实针对性。本研究将视野聚焦于服务集群品牌价值，创造性地将扎根理论引入服务集群品牌价值影响因素分析，通过开放式登录、关联式登录、选择式登录等步骤，得到了 4 个具有代表性的主因素（主范畴），即服务集群环境因素、个体品牌投入要素、关系投入因素、成员间交互。

服务集群环境因素的对应范畴包括政府行为、中介机构行为、金融环境和顾客特征，个体品牌投入要素的对应范畴为个体品牌价值和个体品牌管理，关系投入因素的对应范畴是企业间信任和集群品牌认知相似度，成员间交互的对应范畴是任务性交互和社会性交互。在主范畴的基础上，构建了较为简洁的“服务集群品牌价值影响因素”模型，这一理论进展对于服务集群理论和品牌价值理论是有益的补充，对于服务集群品牌的创建和价值提升的实践是有益的借鉴。

7.1.2　服务集群品牌价值形成机理

基于文献回顾和服务集群品牌价值影响因素研究，本书构建了服务集群品牌价值形成机理理论模型，根据模型提出了 26 个理论研究假设；然后选择问卷方法，收集数据对理论研究假设进行了实证检验。

在不考虑集群成员间交互因素的条件下，政府行为、中介机构行为、金融环境、顾客特征、个体品牌价值、个体品牌管理、企业间信任和集群品牌认知相似度等 8 个变量对服务集群品牌价值都有正向影响。其中个体品牌价值对服务集群品牌价值的影响最为显著，标准化回归系数为 0.909，显著性水平为 1%，这个结论与理论分析比较吻合。吴传清(2009)认为集群品牌是特定区域产业集群发展所累积的产业或主导产品知名度和美誉度等声誉①，归根结底，这种声誉来自于集群企业在微观层面与各利益相关者发生关系保持的良好形象，这种良好形象就是个体品牌价值，区域内企业个体品牌的共同形象就是集群品牌。因此，个体品牌价值和区域品牌价值之间存在十分密切的正向联系，实证结果也证明了这一点。政府行为对服务集群品牌价值的影响也比较显著，显著性水平为 5%。目前，我国各级政府参与市场经济活动的范围较广、程度较深。从集群品牌的角度看，政府的作用至关重要，服务集群的建设和发展离不开政府审批，政府为集群品牌发展制定战略规划、提供良好的基础设施、提供有效的公共服务、维护公平公正的市场环境、开展区域营销活动。② 因此，从实际操作层面看，服务集群

---

① 参见吴传清：《区域产业集群品牌理论研究进展——以广东学者的研究文献为考察对象》，《学习与实践》2009 第 2 期。

② 参见孙丽辉：《区域品牌形成与效应机理研究》，人民出版社 2010 年版，第 253 页。

品牌价值形成过程离不开政府的有效引导、参与和支持，实证研究的结论也证明了这一点。实证研究的结果也表明，相比个体品牌价值和政府行为，其他 6 个变量对服务集群品牌价值的正向影响稍弱一些，显著性水平均为 10%。

在考虑集群成员间交互因素的条件下，个体品牌价值对服务集群品牌价值的影响仍然比较显著，显著性水平为 5%；政府行为的显著性水平下降为 10%，与中介机构行为、金融环境和个体品牌管理 3 个变量的显著性相同；顾客特征、企业间信任和集群品牌认知相似度 3 个变量的影响不再显著。从整体上看，引入了成员间交互因素后，原有的 8 个变量中有 6 个在影响程度和显著性上有所下降，这种变化与变量对服务集群品牌价值的影响方式有关，有些变量对服务集群品牌价值的影响是直接的，有些变量先影响集群内企业间的相互联系和作用，然后间接影响集群品牌价值。另外，不考虑其他因素，成员间任务性交互和社会性交互对服务集群品牌价值也有正向影响，显著性水平均为 10%。

综上，服务集群品牌价值形成是政府行为、中介机构行为、金融环境、顾客特征、个体品牌价值、个体品牌管理、企业间信任、集群品牌认知相似度、集群成员任务性交互、集群成员社会性交互等共同作用的结果，成员间任务性交互和社会性交互不仅是服务集群品牌价值形成的直接影响因素，而且还作为其他变量影响服务集群品牌价值的中介变量。

7.1.3 成员间交互在服务集群品牌价值形成中的作用

本研究将人际之间的交互作用引入服务集群品牌价值的形成过程，将任务性交互和社会性交互作为服务集群品牌价值形成机理理论模型的重要变量。实证的结果表明，任务性交互和社会性交互不仅是影响服务集群品牌价值的直接因素，还是政府行为、顾客特征、个体品牌价值、个体品牌管理、企业间信任、集群品牌认知相似度等 6 个变量与服务集群品牌价值之间关系的中介变量。具体而言，在顾客特征、企业间信任、集群品牌认知相似度 3 个变量与服务集群品牌价值的关系中，任务性交互和社会性交互发挥了完全中介作用，也就是说顾客特征、企业间信任、集群品牌认知相似度直接作用于集群内企业，它们对服务集群品牌价值的影响必须通过集群成员间交互实现；在政府行为、个体品牌价值、个体品牌管理 3 个变量与服务集群品牌价值的关系中，任务性交互和社会性交互发挥了部分中介作用，意味着政府行为、个体品牌价值、个体品牌管理 3 个变量对服务集群品牌价值的影响有部分要通过集群成员间交互实现；在中介机构行为、金融环境与服务集群品牌价值的关系中，任务性交互和社会性交互的中介作用不明显。

7.1.4　服务集群品牌价值提升策略

以理论研究为基础，结合实证研究的结果，本研究提出了一些对服务集群品牌价值建设实践具有指导意义的建议。

首先是政府行为方面的策略。政府行为在服务集群品牌价值形成和提升过程中应该发挥重要的引导、支持作用，从集群品牌的宏观层面看，政府的策略包括：为集群品牌发展制定战略规划，提供公共服务，改善基础设施，维护公平公正的竞争环境，开展集群品牌营销。从集群企业的微观层面看，政府的策略包括制定扶持集群企业发展的优惠财税政策，为集群企业发展引进高端人才，维护集群企业的正当权益。

其次是中介机构方面的策略。中介机构行为也是服务集群品牌价值形成和提升过程中不可或缺的力量。中介机构中作用最广泛的是行业协会（商会），在服务集群品牌价值提升的过程中，应尽量发挥行业协会（商会）在信息服务、行业自律、协调关系、区域营销等方面的积极作用。中介机构还包括技术服务机构和管理咨询机构，在服务集群品牌价值提升的过程中，也应该充分调动各个中介机构的积极性，发挥它们独特的功能。

最后是企业个体方面的策略，包括企业个体品牌管理和企业间信任等角度。企业是集群品牌价值形成和提升的主要行为主体和责任人，因而要提升服务集群品牌价值，必须调动集群企业的积极性，使集群企业意识到品牌化的重要意义，保证企业的快速成长与集群的顺利发展，提升企业的品牌管理能力，推进企业自主品牌的确立。实证研究的结果表明，在影响服务集群品牌价值的诸因素中，个体品牌价值是最显著的，因而企业个体品牌价值对服务集群品牌价值的推动不可忽视。企业间信任通过企业间交互行为对服务集群品牌价值产生影响，利用法律机制、情感机制和信誉机制促进企业间信任关系的发展也是提升集群品牌价值的重要策略。

7.2 研究局限

通过文献研究和实证研究，本研究得出了一些有意义的研究结论，并提出了一些具有针对性的策略，但是仍然存在许多不尽如人意的地方，主要存在以下局限：

第一，因素探索局限。

限于水平和时间，本研究未能全面探索影响服务集群品牌价值的前置因素。从企业个体品牌的角度看，影响品牌价值的因素是多方面的，Jones（2005）以利益相关者理论为基础，认为品牌价值是由各战略利益相关方共同创造的[①]，利益相关方包括顾客、管理者、员工、供应商、分销商、媒体、竞争者、非政府组织、政府、公众意见等。Raggio 和 Leone（2007）认为与价格、品牌内涵、市场细分、定位等有关的管理决策，专利，渠道关系，卓越的管理，创新型

① Jones R.，"Finding sources of brand value：Developing a stakeholder model of brand equity，"*Journal of Brand Management*，Vol. 13，No. 1（2005），pp. 10-32.

人才都影响品牌价值。[①] 虽然上述文献与本研究的角度不同，但是可以想象影响服务集群品牌价值的因素一定也十分庞杂。本研究是从服务集群的角度出发，借鉴了企业品牌价值方面的文献，主要运用扎根理论方法得到了影响服务集群品牌价值的 4 大类 10 个方面的因素。本研究中主范畴的来源是扎根访谈得到的实证资料，受访谈范围、访谈时间、受访者专业性、作者分析资料能力等方面的限制，不可能得到所有影响服务集群品牌价值的前置因素。

第二，静态研究局限。

品牌价值是一个十分复杂的概念，不仅有许多研究角度，而且随着时间的流逝不断发生变化，服务集群品牌价值也不例外。然而本研究只能采取基于特定时刻的横断调研法进行研究，这种静态的研究方法不能完全揭示隐变量之间的复杂关系。如果能针对某些具体的服务集群品牌价值变动情况进行时间序列的跟踪研究，可能会得到更加科学、合理的结论。

第三，样本选择局限。

服务业的分类标准很多，依据不同的服务业分类标准，学者们提出了许多迥异、交叉的范畴。正如本研究第 2 章当中所列举的，仅我国理论界公开发表的文献中就出现了 10 个服务业类别概念，即现代服务业、生产性服务业、知识密集型服务业、生产者服务业、家庭服务业、高技术服务业、传统服务业、创新型服务业、健康服务业、低碳服务业。理论上讲，每个服务业类别必然对应着一类服务业集群，每一类服务业集群的集群品牌价值影响因素可能各不相同，因此，应该就某一类服务业集群品牌单独进行研究。

样本的区域选择上也存在一些局限，本研究为了取样的便捷，

---

① Raggio R. D., Leone R. P., "The theoretical separation of brand equity and brand value: Managerial implications for strategic planning," *Journal of Brand Management*, Vol. 14, No. 5(2007), pp. 380-395.

主要选择了我国服务业集群较为发达的地区，尽管这些地区在我国服务业集群中所占的比重较大，但是它们仍然不能完全代表样本总体。

7.3 研究展望

第一，增加前置因素。

影响服务集群品牌价值的因素很多，本研究只是分析了其中的一部分，未来研究可以考虑增加文献挖掘的深度和广度，扩大访谈的范围和层次，获得更多影响服务集群品牌价值的前置因素，可能会找到更多具体、明确的关系，得到更加科学、合理的结论。

第二，开展动态研究。

由于品牌价值的动态性，基于时间点的静态研究不能反映品牌价值变化的全貌。未来研究可以考虑选定某些具体的服务集群品牌，考察较长时期的品牌价值变化和影响品牌价值的各种因素的变化，收集时间序列数据进行更加系统的探索和研究。

第三，扩大样本数量和样本选择范围。

限于时间和资源，本研究的样本数量较少，仅仅达到了科学研究的最低要求，考虑到服务集群的数量，未来研究应该扩大样本数量。另外，我们仅仅选择了 4 个省份进行抽样，山东、广东、浙江 3 省是服务业集群较为普遍的省份，为了节约调研成本，我们选择的样本较多。未来研究可以考虑扩大样本选择的地域范围，使研究结论具有更强的代表性和说服力。

第四，针对某一类服务业集群进行深入研究。

如前所述，服务业的类别很多，服务业集群的类型也很多，本研究的样本不具备服务集群类型上的针对性。未来研究可以考虑针对某一类服务业集群开展集群品牌价值相关研究，可能会得到更加具体、科学的结论。

附　录

附录 1　扎根访谈提纲

服务集群品牌影响因素扎根访谈提纲

日期		开始时间		结束时间	
受访人		访谈地点			

一、引导问题

1. 你知道什么是服务业集群吗？
2. 请列举几个你熟悉的服务业集群。
3. 你了解什么是品牌，什么是服务集群品牌吗？
4. 请列举几个你熟悉的服务集群品牌。

二、主要访谈问题

1. 回忆一下你所熟悉的服务集群品牌的发展历程。
2. 你认为哪些主体的行为会对服务集群品牌价值产生影响？
3. 这些行为主体都是通过什么方式影响服务集群品牌的？
4. 服务集群品牌与集群内企业品牌有怎样的关系？

附录2 初始问卷

服务集群品牌价值形成机理调查问卷

尊敬的女士/先生：

您好！

这是一份关于“服务业集群”研究的学术问卷。“服务业集群”是指一组在地理上靠近的服务业企业。“服务集群品牌”指特定区域服务业集群发展所累积的产业或主导产品知名度和美誉度等声誉，表现为地理名称（集群区位名称）和产业名称（或产品通用名）的组合。恳请您协助调研，您的参与对本研究能否顺利进行有重大影响。本研究之结论仅供学术研究使用，绝不做任何其他用途。

感谢您的合作与支持！祝您工作顺利，万事如意！

第一部分：请根据您的认同程度，按照1～7打分，1分代表非常不同意，7分代表非常同意。在符合观点的分数上画“○”。

Ⅰ.服务集群品牌环境因素测量量表

政府行为	非常不同意						非常同意
1.地方政府能够为区域服务集群品牌发展制定长远战略	1	2	3	4	5	6	7

续表

政府行为	非常不同意						非常同意
2.地方政府积极建立和完善各种中介服务体系	1	2	3	4	5	6	7
3.地方政府适时地进行政府管理体制的改革	1	2	3	4	5	6	7
4.地方政府及时制定保护服务集群品牌发展的法律法规	1	2	3	4	5	6	7
5.地方政府大力发展和培育专业市场	1	2	3	4	5	6	7
中介机构	**非常不同意**						**非常同意**
1.行业协会积极为会员企业提供相关服务	1	2	3	4	5	6	7
2.行业协会参与制定并推广行业标准	1	2	3	4	5	6	7
3.技术中介机构积极为集群企业提供相关技术	1	2	3	4	5	6	7
4.管理咨询机构积极为集群企业提供咨询服务	1	2	3	4	5	6	7
金融环境	**非常不同意**						**非常同意**
1.集群所在区域金融服务体系比较完善	1	2	3	4	5	6	7
2.集群所在区域金融机构为企业提供了方便快捷的服务	1	2	3	4	5	6	7

续表

金融环境	非常不同意						非常同意
3.集群内企业能以较低的代价吸引到风险投资	1	2	3	4	5	6	7
4.集群企业创立名牌时得到了多方面的资金支持	1	2	3	4	5	6	7

消费者	非常不同意						非常同意
1.集群所在区域消费者购买力较强	1	2	3	4	5	6	7
2.集群所在区域人口密度较大	1	2	3	4	5	6	7
3.集群所在区域消费者成熟度较高	1	2	3	4	5	6	7

II.服务集群个体品牌投入因素测量量表

个体品牌价值	非常不同意						非常同意
1.本企业品牌的市场地位较高	1	2	3	4	5	6	7
2.本企业品牌产品市场占有率较高	1	2	3	4	5	6	7
3.本企业品牌的市场竞争力较强	1	2	3	4	5	6	7
4.本企业品牌的市场领导力较强	1	2	3	4	5	6	7

续表

个体品牌管理	非常不同意　　　　　非常同意
1.本企业品牌定位清晰	1　2　3　4　5　6　7
2.本企业品牌传播投入较高	1　2　3　4　5　6　7
3.本企业品牌表达鲜明、有特色	1　2　3　4　5　6　7
4.本企业品牌维护力度较大	1　2　3　4　5　6　7

III.服务集群企业关系投入因素测量量表

企业间信任	非常不同意　　　　　非常同意
1.本企业对集群内其他企业的能力很有信心	1　2　3　4　5　6　7
2.本企业很了解集群内其他企业	1　2　3　4　5　6　7
3.本企业与集群内其他企业交流频繁,关系很好	1　2　3　4　5　6　7
集群品牌认知相似度	非常不同意　　　　　非常同意
1.集群内企业都比较了解集群品牌的内涵	1　2　3　4　5　6　7
2.集群内企业都比较了解集群品牌的个性	1　2　3　4　5　6　7

续表

集群品牌认知相似度	非常不同意　　　　　非常同意
3. 集群内企业对集群品牌的认知差异不大	1　2　3　4　5　6　7

IV. 服务集群内成员间交互测量量表

任务性交互行为	非常不同意　　　　　非常同意
1. 集群成员之间信息交流及时、充分	1　2　3　4　5　6　7
2. 集群成员之间能够有效协调	1　2　3　4　5　6　7
3. 集群内每个成员都能通过自身能力为集群做贡献	1　2　3　4　5　6　7

社会性交互行为	非常不同意　　　　　非常同意
1. 集群成员尽可能的相互支持与帮助	1　2　3　4　5　6　7
2. 集群内每个成员都努力提升集群品牌价值	1　2　3　4　5　6　7
3. 集群具有很强的凝聚力	1　2　3　4　5　6　7

V. 服务集群品牌价值测量量表

服务集群品牌价值	非常不同意						非常同意
1. 集群品牌知名度较高	1	2	3	4	5	6	7
2. 集群品牌美誉度较高	1	2	3	4	5	6	7
3. 服务集群品牌的竞争力较强	1	2	3	4	5	6	7
4. 服务集群品牌成长性较好	1	2	3	4	5	6	7
5. 服务集群品牌创新能力较强	1	2	3	4	5	6	7

第二部分：企业信息

企业名称(选填)		企业成立年份　　年
企业性质	A 国有企业　B 民营企业　C 合资企业　D 外资企业	
企业主营业务所在行业领域	A 批发零售业　B 交通运输、仓储和邮政业　C 住宿和餐饮业　D 信息传输、软件和信息技术服务业　E 金融业　F 房地产业　G 居民服务、修理和其他服务业　H 文化、体育和娱乐业	

附录3 正式问卷

服务集群品牌价值形成机理调查问卷

尊敬的女士/先生：

您好！

这是一份关于“服务业集群”研究的学术问卷。“服务业集群”是指一组在地理上靠近的服务业企业。“服务集群品牌”指特定区域服务业集群发展所累积的产业或主导产品知名度和美誉度等声誉，表现为地理名称(集群区位名称)和产业名称(或产品通用名)的组合。恳请您协助调研，您的参与对本研究能否顺利进行有重大影响。本研究之结论仅供学术研究使用，绝不做任何其他用途。

感谢您的合作与支持！祝您工作顺利，万事如意！

第一部分：请根据您的认同程度，按照1～7打分，1分代表非常不同意，7分代表非常同意。在符合观点的分数上画“○”。

I. 服务集群品牌环境因素测量量表

政府行为	非常不同意　　　　非常同意
1. 地方政府能够为集群品牌发展制定长远战略	1　2　3　4　5　6　7

续表

政府行为	非常不同意						非常同意
2. 地方政府积极建立和完善各种中介服务体系	1	2	3	4	5	6	7
3. 地方政府适时地进行政府管理体制改革	1	2	3	4	5	6	7
4. 地方政府及时制定保护服务集群品牌发展的法律法规	1	2	3	4	5	6	7
中介机构行为	非常不同意						非常同意
1. 行业协会积极为会员企业提供相关服务	1	2	3	4	5	6	7
2. 技术中介机构积极为集群企业提供相关技术	1	2	3	4	5	6	7
3. 管理咨询机构积极为集群企业提供咨询服务	1	2	3	4	5	6	7
金融环境	非常不同意						非常同意
1. 区域金融服务体系比较完善	1	2	3	4	5	6	7
2. 区域金融机构为企业提供了方便快捷的服务	1	2	3	4	5	6	7
3. 集群内企业能以较低的代价吸引到风险投资	1	2	3	4	5	6	7

续表

顾客特征	非常不同意						非常同意
1. 区域顾客购买力较强	1	2	3	4	5	6	7
2. 区域人口密度较大	1	2	3	4	5	6	7
3. 区域顾客成熟度较高	1	2	3	4	5	6	7

II. 服务集群个体品牌投入因素测量量表

个体品牌价值	非常不同意						非常同意
1. 本企业品牌的市场地位较高	1	2	3	4	5	6	7
2. 本企业品牌产品市场占有率较高	1	2	3	4	5	6	7
3. 本企业品牌的市场竞争力较强	1	2	3	4	5	6	7
4. 本企业品牌的市场领导力较强	1	2	3	4	5	6	7
个体品牌管理	**非常不同意**						**非常同意**
1. 本企业品牌定位清晰	1	2	3	4	5	6	7
2. 本企业品牌传播投入较高	1	2	3	4	5	6	7

续表

个体品牌管理	非常不同意						非常同意
3. 本企业品牌表达鲜明. 有特色	1	2	3	4	5	6	7
4. 本企业品牌维护力度较大	1	2	3	4	5	6	7

III. 服务集群企业关系投入因素测量量表

企业间信任	非常不同意						非常同意
1. 本企业对集群内其他企业的能力很有信心	1	2	3	4	5	6	7
2. 本企业很了解集群内其他企业	1	2	3	4	5	6	7
3. 本企业与集群内其他企业交流频繁. 关系很好	1	2	3	4	5	6	7
集群品牌认知相似度	非常不同意						非常同意
1. 集群内企业都比较了解集群品牌的内涵	1	2	3	4	5	6	7
2. 集群内企业都比较了解集群品牌的个性	1	2	3	4	5	6	7
3. 集群内企业对集群品牌的认知差异不大	1	2	3	4	5	6	7

Ⅳ.服务集群内成员间交互测量量表

任务性交互行为	非常不同意						非常同意
1.集群成员之间信息交流及时.充分	1	2	3	4	5	6	7
2.集群成员之间能够有效协调	1	2	3	4	5	6	7
3.集群内每个成员都能通过自身能力为集群做贡献	1	2	3	4	5	6	7
社会性交互行为	**非常不同意**						**非常同意**
1.集群成员尽可能的相互支持与帮助	1	2	3	4	5	6	7
2.集群内每个成员都努力提升集群品牌价值	1	2	3	4	5	6	7
3.集群具有很强的凝聚力	1	2	3	4	5	6	7

Ⅴ.服务集群品牌价值测量量表

服务集群品牌价值	非常不同意						非常同意
1.集群品牌知名度较高	1	2	3	4	5	6	7
2.集群品牌美誉度较高	1	2	3	4	5	6	7

续表

服务集群品牌价值	非常不同意　　　　　　非常同意
3.集群品牌的竞争力较强	1　2　3　4　5　6　7
4.集群品牌成长性较好	1　2　3　4　5　6　7
5.集群品牌创新能力较强	1　2　3　4　5　6　7

第二部分:企业信息

企业名称(选填)		企业成立年份　　　年
企业性质	A 国有企业　B 民营企业　C 合资企业　D 外资企业	
企业主营业务所在行业领域	A 批发零售业　B 交通运输、仓储和邮政业　C 住宿和餐饮业 D 信息传输、软件和信息技术服务业　E 金融业　F 房地产业 G 居民服务、修理和其他服务业　H 文化、体育和娱乐业	